ワガママに、
我がままに。

自分自身をこの世で最強の味方にする方法

Prologue.

数ある書籍の中からこの本を手にとっていただき、
ありがとうございます！

私は、ポップスピアニストとして活動している
松尾優と申します。

シンガーソングライターとして活動をしていた
初期の頃から応援してくださっている方も、
SNS を通していつも観てくださっている方も、
初めましての方も、
改めて、この出逢いに心から感謝いたします。

　突然ですが、
「ワガママ」という言葉を聞くと、どんな印象を持ちますか？
　嫌われそうな性格、贅沢なこと、ダメな人——。

　そんな印象を持つ人も多いのではないでしょうか。
　私も元々、そうでした。
　だけど今は、この言葉にとても勇気をもらいます。

「ワガママ」は、
　漢字で「我が儘」と書くそうです。

「我（わたし）」が「まま」。
　つまりは「私のままで」。

　このことを知った時、いつの間にかずれていた軸を
　もう一度自分に戻してくれるような、
　そんなパワーが湧いてきたのです。

　あれ？
　実は、「ワガママ」って、
　ものすごく素晴らしいことなのでは…!?
　と思ったのと同時に、

　湧き上がってくる素直な感情や感覚の正体が
　"我がまま"だったのだとしたら、
「そんなワガママはだめ！」と自分で自分に制限をかけ、
　無意識に心を押し殺していることがあるのかもしれない…
　と、ハッとしました。

　私は長らくの間、
　自由に、思いっきり、ただ楽しんでピアノを弾く
　ということをすっかり忘れ、
　無意識に封印してしまっていました。

今でこそ皆さんから言って頂けるようになった、
"まるで歌うようなピアノ"とは、
遠くかけ離れたような音色だったと思います。

自分で自分を厳しく押さえつけて制御し、
「私ってこんなものだろう」
と勝手に決めつけていたのです。

そんな日々を過ごす中、中国で言われたある一言で
頭を打たれたように目が覚めることとなります。

それからは、
生き生きとした演奏ができるようになったことが
自分でもわかりました。

そして、自分自身が変わると
身の回りの現実世界もみるみる変わり出していき、
本来の自分に還ってきた感覚になっていったのです。

ひとつ、お伝えしておきたいことがあります。
この本では「ピアノ楽しいよ！」「みんな、ピアノやろうよ！」
といったメッセージを伝えたいわけではありません。

私はたまたまピアノだったというだけで、
　皆様それぞれに、自分らしさを体感できる好きなことだったり
　夢中になれる何かがきっとあると思います。
（もちろん、同じくピアノや音楽であっても純粋に嬉しいです♡）

　その何かを想像して、是非、
「他人事でもあるが、自分事でもある本」としても
　感じて、受け取って頂けたなら、それに勝る喜びはありません。

　誰かのために、この人生を生きているわけじゃない。
　自分の人生の主役は自分でいたい、そうであるべき。
　と、今ならそう思うことができます。

　自分が自分のことを認め、
　自分が自分のことを受け入れ、

　何より、
　自分が自分のことを一番に信じてあげること。

　それこそが、心踊る現実を次々と引き寄せるための
　大きな鍵となることに気が付きました。

また、自分を大切に扱えるようになって初めて
私の中の内なる純粋な心の声が鮮明に聞こえるようになりました。

この本には、私が幼少期にピアノという存在に出逢い、
音楽を通して様々な経験と感動を体感してきた中で、

何を思い、感じ、何を手放し、受け取り、
どのように物事を捉え、選択してきて今があるのか、

ワクワクする未来を切り開いていくために
自分の中で大切にしていることたちを詰め込みました。

必要な方の元に届き、
少しでも何かのきっかけになれば、
柔らかな光となって寄り添うことができたら、
とてもとても嬉しいです。

では、そろそろ。
行こうぞ、我がままに。

撮影	島本絵梨佳
ヘアメイク	後藤若奈
協力	松田涼花
デザイン	bookwall
DTP	G-clef

もくじ

Prologue.　18

PART 1 ……28

01 「『我がままに』歌うピアノ」のはじまり　30

　「そのピアノ、もういいから」と言われた日　31

　人生を変えた、中国での衝撃的デビューツアー　34

02 SNSは夜空　44

03 世はSNS時代。私が心がけていること　46

　1：完璧さより楽しさ優先　47

　2：動画の編集は必ず自分で　50

　3：数字よりも、心が通う関係性を意識する　51

　4：疲弊するくらいならやめる　53

　5：必要な情報を必要なだけ受け止める　54

　6：魂を込めて演奏できる曲しか弾かない　56

04 音に宿る人間性　58

05 届くべき人に届くようになっている　60

06 「絶対音感はいつから?」「どう身に付けた?」の答え　64

07 8歳、初めてのゾーン体験　66

08 突然の号泣で気がついたSOS　70

心の中の幼くて小さな純粋な自分に聞いてみる　74

ポジティブなエスケープの推奨　75

頑張るな、楽しもう　77

09 「誰かが作った曲」から、いかに「自分の曲」にして弾くか　78

10 歌うピアノの背景にあるのは感受性と共感力　82

＜ お悩みコーナー ＞　84

PART 2 ……86

11 生楽器は生き物。ピアノを通した方が"歌える"　88

12 実は苦手なこんな曲　89

13 生音の凄まじさたるや。是非コンサートに！　90

14 耳が良すぎるからこそ、音に疲弊する　93

PART 3 ……96

15 本業、松尾優。ピアニストという職業にこだわりはない　98

16 台風が連れてきた、人生の転機　100

＜ 質問コーナー ＞　106

PART 4 116

17 目標を掲げない理由 118

18 その誰かには一生なれない。だから私は憧れに固執しない 120

19 予期せぬことが起きても「これが最善で最高」 121

20 緊張することをやめてみた 123

＜ お悩みコーナー ＞ 126

PART 5 128

21 セルフラブはバスルームにて 130

22 ごきげん最強説！自分が幸せだから、誰かに幸せを届けられる 131

23 イライラしたり悲しくなったりするのは自作自演かもしれない 132

24 器用貧乏は器用リッチと考える 134

25 本番前のルーティーン 135

会場を見てから衣装を決める 135

爪の長さをミリ単位で整える 136

本番前は衣装をまとった状態でストレッチをする 136

すぐに曲を弾くリハに入らず、まずはピアノに挨拶して対話タイムから 136

26 赤の魔法　138

27 誰かが羨ましくなったなら　140

28 大きな夢を叶えるには、目の前の人とのキャッチボールから　141

29 褒め言葉から発掘できる自分らしさ　142

＜ 質問コーナー ＞ 145

PART 6 …… 152

30 自由の国の破壊力　154

31 今、今、今！　160

32 強く願うな、叶わない　162

33 それを選ぶ理由は愛から？ それとも恐れから？　164

34 日々のアップデートは心置きなく　165

35 大丈夫。私には、私がついてる。　168

36 ワガママに、我がままに。　169

Epilogue.　170

PART

1

01

「『我がままに』歌うピアノ」のはじまり

松尾優といえば、自由で、感情あふれる歌うようなピアノ。

今となっては、そう言って頂くことも多いのですが、昔はそれとはまるで真逆のような演奏をしていました。

では、「歌うピアノ」はどこから生まれたのか。

どうやって、全くの無名でありながら中国でのデビューツアーを成功させ、約60万人のフォロワー数と数億回の動画再生回数を誇るピアニストになったのか。

"ピアノウタヒメ"と称されるようになるまでのこれまでの道のりを、少し過去へと遡ったところからお話ししたいと思います。

「そのピアノ、もういいから」と言われた日

私のピアノの魔法は、封印されていた時期があります。

昔から応援してくださっている方はご存知かもしれませんが、元々は20歳の頃からシンガーソングライターとして、作詞作曲をして、鍵盤弾き語りのスタイルで歌を歌うことが主な活動でした。

めいっぱい手売り用のCDを詰め込んで、手がちぎれるんじゃないかと思うほど重くなったカバンを持ち歩きながら通ったライブハウス。帰り道のカバンの重さ・軽さに一喜一憂した日々があります。

ライブハウスでのコンサートの後には、自分が販売したチケットを精算する時間が設けられていました。自分が販売したチケットの枚数によってギャランティが決まるシステムだったんです。そしてその精算タイムで、ライブハウスのスタッフさんが若手アーティストにアドバイスをするのが恒例になっていました。

「今日のステージ〇〇だったよ」「もっとこうしたらいいんじゃない？」
　次々と若手アーティストがアドバイスをもらう中でかけられる言葉たち。

　そんな中で出会った一言で、
　私のピアノの魔法は封印されてしまったのです。

「松尾さんの演奏、『そのピアノ、もういいから』ってなっちゃった」
「歌声とか歌詞を引き立たせるために、ピアノをもう少しおさえたら？」

　決して悪気はなく、歌を聴かせるパフォーマンスとして良くするための誠実なアドバイスだったのだと思います。それでも、当時の私にとっては大きなショックと驚きがありました。

4歳から始めたピアノ。

　何も考えずに、指が導かれるままに弾いていたけれど、もしかして、技術を自慢するように映っていた…？　「私こんなに弾けますアピール」みたいになっていた…!?　みんな口にしないだけで、そう思われていたのだったら。なんか恥ずかしいし、惨め…。

　かつて、どこからともなく聞こえてきた「あの子、目立ちすぎ」「前に出すぎ」という声も蘇りました。普通に過ごしているつもりなのに、そんな風に思われてしまうんだ…。

　私のピアノも、同じだったのかな。

　いつしか無意識に、ピアノが前に出すぎないように、弾く力も、導かれる指の動きも、**できるだけ目立たないようにぐっと抑えるようになっていきました。**

　自分が思うままを自由に弾くからこそ生まれる、松尾優のピアノの魔法はこの時に封印されてしまったのでした。

人生を変えた、中国での衝撃的デビューツアー

しかし、そんな自分を変えてくれる出来事が起こりました。
突然訪れた、中国でのデビューツアーです。

転機が訪れたのは、時々演奏させて頂いていた、京都・祇園のミュージックバー。その日はお客さんとしてお酒を飲んでいました。

京都出身・北京在住の男性が隣に座っており、お互いのお仕事の話題になった際「僕のボスが中国でコンサートスペースのあるレストランを経営しているんだ。音楽の才能がある子がいたら日本から連れてきて、と言われているんだよ」という話をしてくれました。彼は、そのライブレストランを設計した建築家さんでした。

バーのオーナーが「優ちゃん、何か１曲弾いてあげたら？」とおっしゃって演奏する流れになったのですが、ボーカルマイクのセッティングは多少時間がかかりそうだったので、歌を弾き語るのではなく、その時好評だったピアノインストのオリジナル曲の「カフカ」という曲を演奏することにしました。

建築家の男性はその時動画を撮影してはいましたが、特にそれ以上長話を
することもなく、「今度中国に来ることなんかがあったら連絡してください。
僕は北京にいます。案内くらいはできますので」と言ってお店を出て行かれ
ました。

　中国や北京に行く予定も特にないし、もうしばらく会うことはないだろう
な〜、なんて思っていました。

　しかし、その次の日。その男性から連絡が来たのです。
　その一報が、私の未来を大きく変えることとなります。

「ボスに動画を見せたら『すぐに彼女を連れてこい』と言われました。ボス
がこんな風に言うのは大変珍しい。優さん、絶対に中国に来たほうが良いで
すよ。近々まるまる１ヶ月日程を空けられる期間はありませんか？」と。

周りの友人たちからは、「ほんまにそれ大丈夫なん⁉」とか「拉致されて帰って来れへんようになるとかやめてやｗ」「何それ、怖くない？　やめといた方がいいんちゃう？」などとかなり本気で心配されていました。笑

　ですが、当の本人はというと、不思議なことに何故か１ミリの不安もありませんでした。とにかく、**静かにワクワクしていたんです。**

　なんだろう…こんな気持ちになるのは久しぶりかもしれない。
　同じく久しぶりに聞こえてきたのは、自分の心の声。
　その声は、**「絶対に大丈夫」「必ず行くべき」**と確かに断言していました。

　だから、なんの根拠もないけれど、なんの迷いもなく、
　その心の声に素直に従うことにしました。

　２ヶ月後。私は中国に居ました。初めて訪れた国です。

　一人飛行機へ乗り込み、中国・北京に降り立った後、私を呼んでくれた例のボスと呼ばれるその人と対面し、わけがわからないまま中国各地の様々なコンサート会場を回りました。移動、演奏、移動、演奏を繰り返す日々が始まることとなりました。

　みんなからボスと呼ばれるその人は、とても寛容で大らかで、どしっと構えた安定感があって、かと思えばみんなが思い付かないようなひらめきを突然したり、わりとぶっ飛んだことを陽気に言うような面白い人でもありました。でも、会ってすぐに「この人、信頼できる」と思うことができたくらい、魅力的なオーラを感じ、そして安心しました。

その時の私は歌をメインで歌っていたのに、ボスは私のピアノを気に入って呼んでくれたという流れがあるので、開催されたのはピアニストとして、ピアノだけのコンサート…！

　このツアーのために中国の大きなプロダクションに一時的に所属し、突然これが私のピアニストとしての予期せぬデビューツアー in 中国となったのです。

　これまでのコンサートでは、歌うことがメインで、その中でピアノインスト曲を１曲やるかどうか、という構成で行っていたので、
「異国の地で、しかもピアノだけで、１ステージ持つ!?」と不安に思っていました。あと、海外あるあるなのかもしれませんが、詳細という詳細をなぜか教えてくれないんですよね。めっちゃ適当というか、丸投げ感？が半端なくて。笑

　どんな会場なのか、お客さんは何名くらいいらっしゃるのか、どういう客層なのか、何分ステージなのか等々、なぜか何度聞いても適当に流される。

完璧主義だった当時の私は、当日までにきちんと準備してコンサートに臨みたいのに、現地に着くとそんな調子なので、最初は「日本でする以上にしっかり準備したいのに！　こんなん聞いてない〜！　無理かも！」と焦っていました。

　だけど、会場に着くとすでにお客さんは待っている。
　さらに、「どうやら日本からすごそうなアーティストが来たぞ」という空気に完全になっちゃっているわけです。

　これは…無理だなんて言っていられないなと一旦冷静になり、**ツアー初期の段階で腹を括ることとなりました。笑**

　北京だけではなく、上海や天津など色々な場所に行かせて頂いたのですが、今自分がどこにいるのかもいまいちわからないまま、どんなお客さんがいらっしゃるのかも直前まで知らないまま、がむしゃらにステージに飛び込む日々。

つべこべ言っている時間も余裕もなく、ガッツでステージを繰り返していく間に、ツアーが終わる頃には自分が納得するようなステージができるようになっていました。いや、慣れってすごいですよね。笑

　中国語の曲をマスターして演奏したら喜んでもらったこと。

　ジブリの曲が予想以上に大好評で、静かな曲なのにどうしてかノリノリで聴いてくれて、嬉しくて楽しく演奏できたこと。

　ライブ後にたくさんの人がサインを求めてくれたこと。

　演奏中の子供たちのきらきらした真剣な瞳、まなざし。

　どれも、今でも脳裏に焼きつく私の大切な思い出です。

　よく耳にする、「音楽は国境を越える」という言葉の意味を
身に沁みて感じたのでした。

約 10 日間の中国でのデビューツアーを全て終えた後、
お別れの時にボスは私に声をかけてくれました。

「君のピアノは圧倒的だ。
　それなのに、どうしてもっと堂々とピアノを弾かないの？」

　…衝撃でした。

　なんせ、それまで自分がピアノを抑えて控えめに弾いていることにすら気
付いていなかったのです。

　青天の霹靂。頭を打たれたような感覚。
　パチン、とスイッチを切り替えたように、見える景色が変わった瞬間。

「私、もっと思いっきり弾いて良いんだ」

　衝撃を受けたその一方で、まるでずっとその言葉を待っていたみたいな安
堵感のようなものが、同時にどこかにあったことを覚えています。

　思いがけず出会った偉大なるボスは、**狭い金魚鉢で小さく泳いでいた私を、**
大海原へと解き放ってくれたのです。

私は、その言葉を聞くために中国に来た気がしました。

　これからは、もっと自由に。もっと思いっきり。
　もっと、自分が思うままに、ピアノを弾いて良いんだ。
　信頼している人からの言葉って、絶大な説得力で、魔法みたいに響くんですよね。

　突然幕が開けた中国でのデビューツアーの日々の中で受け取った、大きな気付きと小さな自信を抱いて、まるで生まれ変わったような気持ちで、私は日本に帰国しました。

　いや、その言葉を受け取った後の私は本当にすっかり生まれ変わっていたのだと思います。

　帰国後に新宿の「都庁おもいでピアノ」でピアノ演奏した動画をSNSにアップしたところ、一気に100万回再生。人生初のバズでした。
　その動画をきっかけに、**私は堰を切ったように生き生きとピアノを弾き始めました。**

そして、多くの人にピアノ演奏を観て頂けるようになり、シンガーソング
ライターではなくピアニストとしての活動を主軸にしていくことを決意。

　４歳から始めて、基盤となっていたピアノに戻ってきました。

　ポップスピアニストとして SNS でも積極的に活動しはじめることになっ
たのです。

　こうしてやっと、皆さんが知る「自由で」「歌うように」ピアノを弾く
ピアノウタヒメ・松尾優は生まれたのでした。

02

SNSは夜空

SNSは夜空
投稿するコンテンツはランタン
軽やかな"楽しい"や
心を込めた"愛しい"を流し放つ
そうすれば必要な星に必ず届く
行ってらっしゃいという気持ちで
音楽を送り出す

03

世はSNS時代。私が心がけていること

　私はSNSがきっかけで多くの方々に知って頂き、たくさんのご縁と繋がりを頂きました。実はこの書籍の出版も、編集長さんから直接Instagramに DM を頂いて実現したことなのです。

　SNSと上手く付き合うことができれば、自分を表現できるツールとなり、SNSが自分を新たな場所へと連れていってくれる。なんとも夢があるツールですよね。

　ただ、健康的に続けていくために気をつけていることもあります。
　ここでは、日常の中ですっかり大きな存在となっているSNSとの向き合い方や、私がSNSで発信する上で心がけていること、更新し続けて見えてきたことなどをお伝えしたいと思います。

1：完璧さより楽しさ優先

　私は元々、過剰な完璧主義者でした。

　だけど、その完璧を求める心は「○○でなければいけない」という勝手な決めつけを作り、私を縛り付け、自分らしさが出せなくなる原因にもなっていました。

　今考えると、**ただの「思い込みモンスターの完璧主義子ちゃん」でしかありません。笑**

　当時は、演奏中１回でもミスタッチをしたらアウト！　動画を録っていて手振れがあったらアウト！　など、自分の中での暗黙のルールから少しでも逸脱すると、その時点で世に出すべきものではない、人様にお見せすべきではないと決め付けて、それらの動画は全てボツにしていました。

　ですが、SNSを続けていくにつれて、少しずつ、その過剰な完璧主義を捨てられるようになっていきました。なぜなら、完璧な美しさを追求した動画よりも、素の自分で楽しんでいる動画の方が皆さんが喜んで観てくださっているのかもしれないと感じ始めたから。

　不思議なことに、完璧を目指すことをやめればやめるほど、
　動画の再生数が伸び始めたのです。

　例えばある時、ミスタッチがあったけれど全体としては曲の雰囲気が伝わるような演奏を撮影できたことがありました。以前なら、「ミスタッチがある動画なんてアップしたくない！」と動画をお蔵入りにしていたけれど、そ

の時は「ミスった！　ごめん！」と正直にテロップを入れて、思いきってありのまま見せてしまうことにしました。

　そうすると、「優ちゃんでもミスすることあるんだ！」「松尾優も人間なんだと安心した笑」といったコメントをしてくださる方が次々に現れ、演奏部分だけではなく、私の人柄も楽しんでもらえた感触がありました。

　また、人気シリーズとなっている「絶対音感の日常あるある」は、普段の自分の素の部分や、飾らないプライベートを大胆に出したものなんです。初めは「こんなにさらけ出した自分を皆さんにお見せして良いものか？」とそわそわしていました。

　しかし、公開してみると、こちらも「優ちゃんってこういう子だったんだ！」「完璧で近寄り難いイメージがあったけど、払拭された！」などのコメントを頂き、私の性格ごと親しんでもらえるきっかけになりました。

　皆さんからの反応に励まされ、少しずつ「完璧じゃなくても良いんだ」「ありのままでいいんだ」と思えたことで、思い込みモンスターの完璧主義子ちゃんから徐々に離脱でき、動画投稿もうまくいくようになっていったのです。

　さらに、あまりにも日常の一瞬を撮影したものだったがゆえに、顔が綺麗に撮影できておらず「顔が盛れてなさすぎてこれは出したくない…！」と思った動画が、意外や意外、なんと大好評だったこともありました。

いきなり流れたコンビニの入店音に驚いている動画なのですが、入店直後の驚いた顔があまりにも思いっきりびっくりした顔で……！　自分の中では、「その表情だけは絶対にカットして公開しよう♪」と決めていました。笑

　ですが、実家のリビングで編集作業をしていると、「何言ってんの！この顔が良いんやんか！」と母にすごい勢いで説得されたのです。本当は、盛れてない顔をアップするなんて嫌で避けてきたことだったのですが、「自分のことをわかってくれている人がそこまで言うなら」と、渋々そのシーンを冒頭に（！）使ってアップしたところ、そのショート動画は総再生回数500万回超え。（「可愛いとか綺麗とか、そんなんだけでは、おもろないで！」と母が言っておりました。か、かしこまりました…。笑）

　そういった経験からわかったのは、綺麗でノーミスの完璧なだけの動画よりも、思わずコメントしたくなるような、キャラクターや人間らしさが伝わる動画の方が、皆さんに楽しんで頂けるということ。

　今では、隙のない完璧な動画を作ろうとするのではなく、その時の楽しさや臨場感をちゃんと動画に落とし込むことを大切に、ありのままの日常を切り取り、**観た人がハッピーでハートフルな気持ちになれるような動画を発信したい**と思っています。

2：動画の編集は必ず自分で

　動画の編集はとても時間のかかる作業で、正直大変です。

　ここ数年間、ショート動画をほぼ毎日のようにアップし続けていますが、朝から編集していても、気が付けば暗くなっていて夜になっていたことなんて日常茶飯事です。動画が溜まっている時は、起きてベッドの中で編集、ご飯を食べながら合間に編集、電車やタクシーの移動中でも編集、美容院で髪を染めながら編集──と、隙間時間からオフの日まで、全て編集作業にあてている状態も珍しくありません。コンサートや他の仕事も重なって編集作業をしていると、「動画の編集は、そろそろ誰かに任せたら？」と言われることもあります。

　しかし、どれだけ忙しくなっても、
動画編集は絶対に自分でやりたいと思っています。
なぜなら、
自分がその瞬間どう思っていたのか、
その演奏中にどんな景色が目に映っていたのか、
私以外誰にもわからないからです。

　私のことが好きで日々見てくださっているフォロワーの皆さんには、しっかりと自分の言葉で心の声を伝えたいと常日頃思っています。心の声を届けることは、私の人柄や性格をわかってもらうためにも、とても大切だと考えているからです。

　SNSのおすすめ欄などでたまたま私の動画を見つけてくださった方に、そこからも継続して熱量の高いファンになってもらうには、私の内面を知って、共感してもらうことも必要だと思っています。

だからこそ、たとえ動画をアップするペースを落とすことになっても、私のリアルな気持ちをしっかりと盛り込んだ動画を作り続けたいと思っています。

3：数字よりも、心が通う関係性を意識する

　再生数、フォロワー数、インプレッション数から保存数まで、ありとあらゆるインサイトが数字にはっきりと表れてしまうのが SNS の世界。
　日々数値化される自分の発信の評価を、気にしない方が難しい。

　しかし、だからこそ私は、
　数字が全てではないということを常に心にとめています。

　私もかつては、フォロワー数は多ければ多い方が良いと思っていました。
　しかし、ライブ配信のイベントで、私よりもフォロワー数が何万人も少ない配信者さんが、私よりもずっと多くの視聴者を集めていらっしゃるのを見て、考えが変わりました。

「フォロワー数は単なる数字なんだ。この数の全員が私のことを真剣に深く応援してくれるというわけではないんだ。ただ数字を積み上げるだけじゃダメだ。心が通っていないと」と強く感じたのです。その時はかなりの衝撃を受け、正直落ち込みました。

その一件から、フォロワー数などの数字だけに固執することはやめました。数字は数字。それよりも大切なものを見失ってしまっている自分は嫌だし、SNS上であろうとも、**しっかりと心が通った関係性を作らなければ意味がない**と思いました。

　SNSのフォロワー数がマイナスになる日だってたくさんあります。逆に、何かの動画がバズった時には1日でフォロワーが約千人ずつ増える日が何日も続くこともあります。しかし、数字の増減には一喜一憂しすぎず、「まあこんなもんだよね〜」「そういう時もあるよね〜」と深く考えすぎずに受け止めて過ごすことが、SNSを楽しみながら続ける秘訣だと思っています。

　本当に大切なのは、純度が高いファンの方がどれだけいるのか。
　心を通い合わせて言葉を伝え合っている人たちがどれだけいるのか。

　数字だけに振り回されずに、心がつながる人たちの輪を広げていけるよう、楽しく健康的にSNSを続けてまいります。

４：疲弊するくらいならやめる

　数年前のある日、facebook のアカウントを削除しました。

　断捨離に躊躇がない私でも、アカウント削除に至るまでには、少しの時間を要しました。なぜなら、未熟ながらも楽しく過ごしてきた青春の思い出と歴史が写真や動画と共にたっぷりと詰まっていたからです。ただその一方で、もう記憶にないような人たちからの軽々しい連絡や、考えられない条件での馴れ馴れしいオファーに対応しきれず疲弊しているのも事実でした。

　アカウントを削除する工程の中、何度も画面に現れる「本当に削除しますか？」の文字。「いいえ」を押せば、この葛藤から逃れられる。そんな誘惑に少々負けそうになりながらも「ずっともやもやした嫌な思いをしてきたのだから。惑わされないぞ」と、思い切って削除。
　アカウントを消してからは、なんだか驚くほどすっきりして、運気が好転し始めた実感さえあったことを覚えています。そう、思っていたほど、膨大な量の過去の思い出たちは今後の人生に必要不可欠なものではなかったのです。肩の荷がすっと下りた瞬間でした。多くを持ちすぎるということは向いていないと感じました。

　本当に必要なものは、実はそう多くない。

　それからは他の SNS に関しても「疲弊するくらいならやめる」ことを大事にしています。自分の疲れた気持ちに正直に、自分の気持ちを重くするものは、いっそ思い切って捨ててみるのも、SNS に限らず何事も継続していくうえで大事なことです。

5：必要な情報を必要なだけ受け止める

　他人の目を気にして生きていた頃の私は、10の褒め言葉より1の批判が気になってしまう性分でした。そのたったひとつの言葉の攻撃力が強くて、どうしても頭から離れない。ナイフのような鋭い言葉がグサグサと刺さり、深く心を痛めたことだって何度もあります。いじわるな言葉に引っ張られて、数日ずっと気持ちがブルーなんてこともよくありました。

　でも、ある時ふと、「その否定的な意見を発した人は、果たして私を幸せにしてくれるのだろうか？」と考えました。答えはNO。

　その事実に気づいたら、**そんな人たちに人生の貴重な時間を取られるなんてもったいない**と思えるようになりました。

　その時から、心ないコメントなどは真に受けずに済んでいます。
　目に入っても、とことんスルー 。

また、タイムラインに表示するのは、自分が心地良いと思えるものだけにしています。

「この人のこと嫌いじゃないけど、なぜか投稿を見るたび、心がざわざわして良くない方に揺さぶられるんだよなあ…」なんて時は、今の自分と相手の波長が合っていないというサインと捉えて、自分の心を守るためにとりあえずミュートするようにしています。欲しくない情報を甘んじて受け止める量が多ければ多いほど、無駄に頭や感情を使ってしまい、エネルギーが吸い取られてどんどん余白もなくなり、疲れます。

　自分の心に正直に。
　受け取らなくても良いと感じる情報は、素直にミュート。

　この作業を徹底しているだけで、心が随分クリアになるのでおすすめです。

６：魂を込めて演奏できる曲しか弾かない

「流行りの曲をやったらたいがいバズるよ」とよく聞きます。もちろん、わかっています。特に TikTok ではその時々の流行りの音楽があり、それを音源で使ったりカバーしたりすると、おすすめページにも載りやすくなると言われています。

　しかし、たとえいくら流行っていても、自分の気持ちがいまいち乗らない曲を弾くことはしないようにしています。

　それは私の場合、曲への感情が良くも悪くもそのまま音に乗ってしまうからです。見ている人以上に、自分が一番わかります。自分が納得していないことを理解しながら演奏することは、見てくださっている皆さんに対しても、曲に対しても失礼に感じて嫌。曲への感情が、音だけでなく、表情にまであからさまに出してしまうということも、自分でわかっています。

　その代わり、
　本当に好きな曲を弾いている時に放たれるエネルギーは強力です。

　そんな純度の高い動画やコンテンツだけを配信して、より深く皆様の心に届けたいと思っています。
　いつも受け取ってくださって、ありがとうございます ♡

04

音に宿る人間性

　ピアノの音には弾いている人の性格が出ると思っています。車の運転を見ていると、その人のことがわかるなんて言いますよね。私的にピアノの演奏もそれと同じ感覚なんです。

　温厚そうに見えるけど、胸の中に荒々しい衝動を持っている人だな。
　とにかく元気でハッピーな人だな。
　心のなかに憂いを持っている人だな。
　悲しみを優しさに変えている人なんだな ──。

　ピアノを聴いているだけで、その人のことが少しわかるような気がします。その人の演奏で、会ったことや話したことがなくても「絶対気が合うだろうな〜！」と思うこともあります。

　小さい頃にコンサートにて連弾で共演した大好きなピアニスト（後ほどその頃の大事な思い出もお話しさせてください）、小原孝さんの演奏は、「わかります、そこはちょっと音を抜きたいですよね」「そこ盛り上がるの超素敵！」なんて、ピアノを通して会話しているような気分になってしまいます。まさに痒い所に手が届く演奏というか。
　小原さんの演奏は、音色一つひとつもすごく澄んでいて、まるで、ふわふわできらきらの、美しい花吹雪を見ているような気分になるのです。

ピアノの音から、人柄や人間性までもが伝わってしまう。

だからこそ、ピアノの演奏を届ける時には、松尾優という人間ごと一緒に伝わったら良いなと思っています。

なぜなら、私という人間性も含めてまるっとファンになってもらえる方が嬉しいからです。

何曲もフル演奏でお伝えできるコンサートと比べて、SNS ではショート動画などで短い演奏を伝えることも多いですが、その思いは変わりません。動画を撮影してくれている人も、私の仲の良いお友達なんです。心許せる人だからこそ出る自然体な表情や音、普段と変わらないありのままの自分を、より一層お伝えできていると思います。

もちろん、曲だけ聴いていても、「いい曲だな〜」と思える名曲はたくさんありますが、**その音楽を奏でている人のことがわかると、もっとその曲の聴こえ方に深みが出てくる**と思いませんか？

人間らしさが合わさることによって伝わる力が強くなって、観てくださっている皆さんに元気になってもらえたら嬉しいです。

05

届くべき人に届くようになっている

皆さんから受け取るコメントやメッセージに元気をもらっています。

皆さんから頂くメッセージは、手書きのお手紙であったり、その内容がとても長文なことも多いです。「優さんがきっかけで娘が音楽教室に通い始めたんです」といった具体的なエピソードや、「○○の曲が一番好きです。なぜなら〜」「この曲を聴いた時に○○だと感じて〜」といった、ご自分の状況や詳細な曲の感想まで。

全国各地からそういった声を受け取ると「私の演奏、ちゃんと届いていたんだ」と実感し、「こんな風に受け取ってくださっているんだ」とわかって励みになるし、嬉しくなります。

毎日、様々なコメントを受け取りますが、実はその中でもすごく多いのが「『再起力』を得た」という感想。
「気持ちが暗かったけれど、優さんの動画を観ていたら、もう一度頑張れそうだと思いました」「私ももう一度、自分が好きだったことをやってみようと思いました」

こういった、一度疲れてしまった方々が「もう一度前向きになってみようと思えた」という経験を語ってくださる感想をたくさん頂くのです。

不思議なことに、
人生の岐路で私の演奏を聴いて頂いていることがすごく多いです。

　数年前、京都駅で印象的な出会いがありました。

　久しぶりに、京都駅のストリートピアノで演奏していたら、とある男性が話しかけてくださったんです。男性は、普段はストリートピアノなんてあんまり聴かないらしいのですが、

「普段じっくり聴くことなんてないのに、何故か引き込まれるように足を止めて聴いてしまいました」と声をかけてくださりました。

　少し話を聞いてみると、男性は、「実は仕事が全然うまくいってなくて、これからの人生どうしていくか迷っている」とおっしゃっていました。私は、弾き終わってもう帰るところでしたが、なんとかその男性を少しでも励まそうと、もう一度ピアノに向かい、元気が出る日本の名曲を１曲弾いて彼を見送ることにしました。

　するとその数ヶ月後、その方がなんとコンサートに来てくださり、「新しく仕事が決まりました。それに、今は夢もあります」ときらきらした表情で報告してくださったのです！　「あの時、優さんの演奏を聴いてから前向きになれた」と言ってくださりました。

　その男性との出会い以外にも、仕事に迷っている時、入院中など、次の一歩に悩む時に私の音楽を聴いていたという感想をたくさん頂きます。

　そういった感想を目にすると、やはり「音楽を届けていてよかったな」「届くべき人に届くものなんだな」という思いを噛み締めます。

未来に進もうとする、その一歩目に、自分の音楽のパワーが少しでも織り込まれているのだと思うと、ものすごく嬉しくなるのです。

　私のピアノには「もう一度」のパワーが宿っている…？

　もしもそうであるならばきっとその理由は、
　私がピアノを弾いているその瞬間を、誰よりも楽しんでいるからだと思います。

　ピアノで音楽を届けることは、自分を一度見失った後で「もっと思いっきりやっていいんだ！」と原点に戻り、"もう一度"取り組み始めたことです。
　私自身が、ピアノのメロディーによって、もう一度自分らしさと出会えている。
　だから、再起力につながるパワーや、ありのままであろうとするエネルギーが音に乗っていて、それを真っ直ぐに受け取ってくださっているのではないかと感じます。

Selfishly, Selfishly.

How to make yourself
the most reliable friend in this world

06

「絶対音感はいつから?」「どう身につけた?」の答え

「絶対音感を身につけたのは何歳くらいの時ですか?」とよく聞かれますが、幼い頃のことなので自分でもよくわかっていません。ただ、両親に聞くところによると、**赤ちゃんの頃から、耳から得る情報をキャッチする能力が異常に高かった**らしいのです。

その時私は0歳。まだ言葉も話せない生後数ヶ月の頃から、母はよく絵本の読み聞かせをしてくれていたそうです。

ある日、いつものように絵本『しろくまちゃんのほっとけーき』を読み進めていると、卵が割れるシーンでの「あっ」という台詞を音で覚えていて、母が読むより先に「あっ」を言っていたらしいのです。母も偶然かと思って何度も試すのですが、やはり前の台詞の「たまごぽとん」を読んだタイミングで「あっ」と言う。

思わず母も、そして母からその話を聞いた親族一同も「この子は天才少女だ……!」と大騒ぎ。笑

また、幼稚園で習った歌を耳コピで覚えて、家に帰っては、おもちゃのピアノで「今日はこんな曲歌ってん〜♪」と弾いて家族に聴かせるようになったそうです。そこから母は「これはピアノを習わさねば!」と思い、4歳から私をヤマハ音楽教室に通わせ始めてくれました。

習い事で英語の教室に通っていた時は、先生から「この子は耳が良すぎるので上達が何倍も速いです」と言われ、特別に飛び級させてもらったこともありました。

　グランドピアノを購入してもらった小学生の頃には、目を閉じて、母がピアノで弾いた音を当てる『音当てゲーム』をしたこともよく覚えています。

　ヤマハ音楽教室の送り迎えの車の中では、昭和の時代を彩った歌謡曲たちが常に流れていました。小中学生の頃にはさらに音に敏感になっていたので、その昭和歌謡のコード進行やメロディー、さらにベース音なども聴き取れていました。

　こうやって振り返ってみると、私の場合、耳の良さ自体は生まれ持った先天的なもので、覚えていないくらい幼い頃から備わっていた能力でありギフトだったと思います。
　しかし、それに加えて『音当てゲーム』をしたり、家族が遊びながら楽しさを教えてくれたことと、日々ピアノに触れて音に慣れていったことがポイントだったと思います。

07

8歳、初めてのゾーン体験

　小学2年生の時、ピアニストの小原孝さんのコンサートにゲスト出演させて頂ける機会がありました。

　毎年恒例の演目で、ヤマハ音楽教室の生徒の中で誰か一人が出て、小原さんと連弾という形で共演できることになっており、その年は私が選んでもらえたのです。ラッキーガールですよね！

　本番当日はいつも通り小学校に登校し、下校時間になる前に途中で学校を抜けてコンサートに行く予定でした。教室まで母が迎えに来たのですが、帰ろうとしたその瞬間、担任の先生の言葉で私は一気に注目を浴びることになりました。

　「これから優ちゃんがすごい人とすごいホールでピアノを弾きます。みんなで応援しましょう！」

　その後、教室の前の靴箱で、私が上履きから外靴に靴を履き替えている間中、クラスメイトたちは瞳を輝かせながら、一人ひとりがそれはもう大声でありったけのエールを贈ってくれました。教室の扉や窓から溢れるように、窓から身を限界まで乗り出して、手を振ってくれるのです。

　「優ちゃん頑張ってきてな！」
　「ほんますごいなあ！」
　「応援してるな〜！」

　約30名から一気に大声エールを食らったものだから、耳が敏感な私が限界だと思うほどの大音量に。笑

　だけど、私は不思議で仕方ありませんでした。どうしてみんな、こんなにも全力で応援してくれるのだろう。まるで人気者の大スターの

お見送りのようなその光景が、嬉しいのですが「そこまで!? 笑」と不思議な感覚で、そんな夢心地な感覚と同時に、子供ながらに小２の私は**何かこれからすごいことが起こるような予感がしていました。**

　コンサートの会場は京都コンサートホールの小ホール、『アンサンブルホールムラタ』。小ホールと言っても座席数は 500 を超えるキャパシティで、8 歳の私にとっては、これまでに経験したことのない大舞台でした。会場に近づいてくるにつれて、「あの小原孝さんと、連弾でコラボ出演をするんだ…」と、私はだんだんと実感が湧いてくるのを感じていました。

　多忙な小原さんと初めてピアノを合わせられたのは、本番直前のリハーサルのみ。しかし、小原さんと一緒に弾き進めていくものの、全くと言っていいほど、うまく弾けない。練習ではちゃんと弾けていたはずなのに、どうして!?

　どうにもなかなか上手く指が回らず、指が滑ったり、隣の鍵盤まで行ってしまったり、練習してきた本来のクオリティが全く出せなくなっていました。緊張のせいなのか、何なのか…。リハーサルが終わる頃には、焦りの感覚と申し訳なさでいっぱいでした。

　せっかく選んでもらってここに来たのに。そんな私の不安を感じ取ったのか、小原さんはやさしくたった一言、「大丈夫だよ」と言ってくれました。
　その優しさに対しても、余裕の無い幼い私は呆然と「一体何が大丈夫なの？　全然大丈夫じゃない」と思うばかりでした。

本番が始まり、あっという間に自分の登場時間。

　私はリハーサルの感覚を引きずったまま、すっかり大きく膨らんだ不安の塊を抱えて舞台へと出ていきました。心の中にあったのは、「とにかく、何があってもとりあえず最後まで弾き切ろう」という気持ちだけ。

　しかし、連弾が始まって音を鳴らした瞬間、
「あれ？」「めっちゃ弾ける」「指が勝手に動く」と思いました。

　そして、**気が付いたら曲が終わっていたのです。**　笑

　その時間のことは断片的にしか覚えていないのですが、何も意図していないのに、指が勝手に動いてくれている感覚で、すこぶる気持ちが良くて、なんだかふわふわしていて、まるで天国にいるみたいだったのです。しかも、その後周りに聞いてみると、演奏も練習を遥かに超える完璧さだったといいます。

　その時は、「今のは何だったの？」「私本当に弾いた？」などと思いつつ、とりあえず無事に大舞台を終えられたことへの満足感で安堵して、そのことを深く考えることはなく終わってしまいました。

　しかし、それから大人になり気がついたのです。
　あれはいわゆる『ゾーン状態』だったのかもしれないと。

ゾーン状態とは、集中力が極限まで高まって、周りの景色や音などが意識から外れ、自分の感覚だけが研ぎ澄まされることで、特定の活動に没頭できる特殊な意識状態のこと。

『ゾーン状態』になったことは、実は大人になってから何度もあるのですが、私にとって小原さんとの連弾で味わった「あれ？」と思っている間に終わったあの一瞬の演奏が、初めてのゾーン体験だったのでした。

　天国にいるような心地がして、とびきり気持ちよかった。

　あの時に、大勢の人たちの前で想像を超える演奏ができた時の快感を覚え、そして初めて音楽という魔法に触れたのだと思います。

　8歳の私、良い経験をしたね。
　あの感覚を知ったというだけで、その後の未来が開けたよ。

08

突然の号泣で気がついたSOS

　前向きで、我が道を貫くのが松尾優。

「優ちゃんって、きっと元々そういう性格なんだろうな」と思ってくださっている方もいらっしゃるかもしれませんが、実は全くそうではありませんでした。

　むしろ、その逆をいくような性格でした。

　松尾優が松尾優らしくあれるようになり、「我がままでいいやん♡」と完全に思えるようになったのは、ピアニストとして活動するようになってから数年後（意外と最近！）のことなのです。

　すでに少し書きましたが、以前は**完璧主義な性格ゆえに自分を苦しめているような状態**で、ピアノに関しても、ミスタッチを１回するだけで、「今日はダメだった」「人前で音楽を披露するのは向いていない」とメソメソ泣いているような女の子でした。

　加えて、元々非常に感受性や共感力が強く、他人が考えていることや気持ちが読み取れてしまい、その人のまとっている氣を受けやすいタイプなので、声色や表情からも相手の感情を察しすぎて、思わず『いい子ちゃん』をして他人に合わせてしまう自分でもありました。

しかし、そんな毎日を続けていたある時、
突然、号泣してしまったんです。
確か、夜、寝ようとしていた時だったと思います。
止まらない涙。自分でもびっくりしました。

自分の中にずっと居た、幼くて小さな自分（いわゆるインナーチャイルド、
ハイヤーセルフと呼ばれる）の存在に、急に気がついたのでした。

人の顔色を気にして、イエスマンになっていたよね。
行きたくない場所に連れて行ってごめん。
会いたくない人のいる場所に連れて行ってごめん。
いつも愛想笑いをさせてごめん。
傷付けていたことに気付かずに、本当に本当にごめん。

こんなにも自分を殺してしまうような環境にいるのに、
どうして改善しようとしてこなかったんだろう。

もっと自分のことを大切にしてあげないといけなかったことにハッと気がついたら、これまで自分が自分にしてきた酷い行いへの反省が止まらなくなりました。自分の心の中にいるもう一人の幼い自分に「ごめんね」「頑張らせすぎちゃったね」「もうこれからは、そうならないようにするからね」とひたすらに何十回も謝りながら、泣いても泣いても、涙がとめどなく溢れて止まりませんでした。**それは自分からのSOSでした。**

　そして、その号泣を機に、「こうすべきだ」「こうしなきゃ」と思い込んで自分を苦しめていたことを一つひとつ、意識的にやめるようにしたのです。
　当時は新型コロナウイルスの影響もあり、お仕事のスピードも、社会のスピードも少しゆっくりになっていったので、自分の在り方や扱い方、スタイルを見直し、変えやすい時期でもありました。

　コロナ禍は、大変なこともたくさんありましたが、自分にとっては、一度立ち止まり、自分と向き合い見つめ直す良い機会になりました。さらに同じくらいのタイミングで、中国ツアーも重なっていました。

　そして、「君のピアノは圧倒的だ。それなのにどうしてもっと堂々とピアノを弾かないの？」と言われ、「もっと自由に。もっと、自分が思うままにピアノを弾こう」と思える日がついにやってきます。

抑えていた自分のピアノの能力を解放し、ピアノの音だけに入魂して指先から生まれる演奏に全力でパワーを宿らせていくと、**自分に自分が戻ってきた**感覚がありました。

　ピアノ歴20数年目にして、もう一度、ピアノを始めたばかりの頃の自分に出会えた感覚がありました。そして、これが私の原点だ、と確信したのです。歌を歌うのも作るのも、もちろん好きだし楽しかったけれど、ピアノが活動の軸になって、私はやっと現在の松尾優になりました。

　それからは「心の中の幼くて小さな純粋な自分に聞いてみること」と、「ポジティブなエスケープ」「頑張るより楽しむこと」を大切にしています。

心の中の幼くて小さな純粋な自分に聞いてみる

　インナーチャイルドの存在に気が付いた時から、常に心の中に住んでいる幼くて小さな純粋な自分と一緒に行動しているような感覚でどんな時も過ごしています。

　人の気持ちを察しやすい "大人の私" は、ついつい、顔色を見て、「こうしてほしいんじゃないのかな」「なのに、自分がそれに反して行動したら、悲しむんじゃないかな」なんて考えすぎたり、行動を制御しようとしてしまいます。

　だけどもう、相手主導だったことは、意識的に自分主導にしていく、と決めたのです。
　だから、心の中の幼くて小さな純粋な自分と会話をするようにしています。

「本当にこれ、やりたい？」
「本当にそこに行きたい？」
「本当に心躍ることは、何？」

　幼い自分の答えを聞くことで、他人に惑わされず、自分に正直に行動できるようになりました。さらに、「自分が可哀想だ」と思うような環境に、自分の身を置かないようにすることも徹底しています。

「自分を大切に」と言われても、どうすればいいかわからないという人も、自分の心の中にいる "子供の自分" を守る保護者のような気持ちになれば、きっと自然に自分に優しくなれると思います。

ポジティブなエスケープの推奨

　明らかに自分には合っていない環境だとわかっているのに、心が疲れ切ってしまっているのに、そこから抜け出そうとしたり途中でやめたりすることに対して、マイナスな感情を抱く人も多いのではないでしょうか。抜け出すための勇気だって相当必要ですよね。

　だけど、やめられない理由が他人からの目を気にしているからだったり、辛い環境にいても得られるものが何もないと感じるのであれば、**そこにいる意味はない**と思います。

「自分の頑張りが足りないんだ」「ここでやめたら中途半端で格好悪い」とかって思ってしまいがちだけれど、それって、**意地になって一体何と戦っているのだろう。**なんせ、人生という時間には限りがあります。

　自分にとって価値のない場所から自分を解放してあげるなら、
　それは**「逃げ」ではなく、「脱出」。**
　すなわち、「ポジティブなエスケープ」なのではないでしょうか。

　心が疲れ果てて涙が出るような環境や、違和感しかないような環境からは、自分を逃がして解放してあげる。**小さな違和感に気がつくこと。**
　それは私が私らしく生きていく上でとても大切なことだと感じています。

もしも違和感に気づいたら、できるだけすぐに環境から自分を逃がし、解放してあげるようにしています。自分が「絶対こっちに行ったら楽しそう」と思ったことだけを信じて突き進んでいるからこそ、できることがたくさんあります。

　自分を信じて変化に飛び乗ったら、どんなことでも有り難い経験と思ってやりきれる。**だって、心躍って、やってみたいと思って、自分の意志で始めたことだから。**その中で起こる変化も、今なら怖くありません。

　もし、幼くて小さな純粋な自分が居心地悪そうにしているのなら、それ以上無理せずに自分をエスケープさせてあげても良いかもしれません。
　しんどい、しんどい、と思いながらイヤイヤやっていても、何一つ良いことはありません。

　私は「我慢をしてでも〇〇する」という意地っ張りな自分からは卒業しました。

　今、この瞬間、自分のことを大切にできていますか。

頑張るな、楽しもう

そして、私が大事にしているのは「頑張るより楽しむ」という感覚です。

自分にとって、心躍りワクワクすることに積極的に取り組んでいると、必要な努力も楽しめる。だから、「頑張らなくちゃ！」は、もうなくてもいい気がしています。たいがい、皆さんすでに十分頑張っているものです。それ以上頑張らないで。笑

大変なこともあるけれど、いかにそれまでもを肥やしにして楽しめるかを考えたい。ワクワクは、苦労も楽しさに変えて、新しい世界に自分を連れて行ってくれます。知らなかった多くのことを教えてくれます。

頑張るな、楽しもう。

これからの私は、その気持ちを大事にしていきたいし、自分の音楽からこのメッセージを伝えられたらと思っています。

09

「誰かが作った曲」から、いかに「自分の曲」にして弾くか

絶対音感を身につけた経緯と同じくらい聞かれるのが「耳コピってどうやってやっているの？」という質問。

耳コピしてピアノアレンジ曲を完成させ演奏する時には、まず音楽をBGM感覚でその場に常に流しておくところから始めることが多いです。そうすることで、なんとなく頭に音楽が入っている状態を作っていきます。この時に必ず歌詞の内容も把握して、曲の感情や、表現したい世界も想像するようにしています。

（ちなみに最近はどんどん音を把握するのがはやくなっていて、トレンドの曲だと街中やSNSで聴いている間に、いつのまにか曲が頭の中に入っていることもあります。笑）

そしてその後ピアノに座って音楽と向き合ったら、流している音楽に合わせて一緒に歌ったり、弾いたりしながら、曲全体のアレンジを組み立てていき、何度も弾くことで自分のものにしていきます。

演奏自体が体の一部のようになり、つっかえることなく1曲最後まで弾けるようになったら、耳コピ＆ピアノアレンジの完成です。

曲をどこから覚えていくかについては、感覚で覚えていく部分も多いのですが、あえて順番をあげるなら、

①調を確認→②コードを把握→③メロディーを乗せる
の順番で理解していく感じでしょうか。

調やコードがわかればメロディーが押さえやすくなります。

メロディーは言葉、コードは感情。

　メロディーとコードが合わさり混じり合うことで世界観と説得力が出てきます。

　ちなみに、原曲にも特に鳴っていないような自由に入れている合いの手のようなアレンジは、頭の中で自然と鳴ってくる音を表現する感覚で弾いています。脳内でどうしても聴こえてくる音なので無視ができない。笑

　ポップス曲を耳コピしてピアノ演奏すると、同じ曲でも奏者によって全然違う曲になるのが面白いところだと思います。様々な音が鳴っている音楽をピアノ一本で表現する際に、どの音をチョイスして弾くかはその人によるので、そこに個性やセンスが出るんですよね。

　もし興味があれば、同じ曲を弾いている他のピアニストさんの演奏も聴いてみてください。同じ曲なのに、全然違うパートを拾っていたり、曲の解釈がそもそも違うように見える演奏がされていたり、十人十色で面白いと思います。

　コンサートでしっかりとお披露目できるレベルに自分の曲のようにするまでには、さらに数日もしくは数週間かかります。

　ライブの中のリクエストコーナーなどで即興ですぐに弾く場合は、とりあえず頭で覚えた曲を弾くのにいっぱいいっぱいなのですが、自分の曲のようにするというのは、自分の身体にその曲を染み込ませる感覚に似ています。

　数時間ぶっ続けで何日もひたすら弾いていることが多いです。ただ、その曲にひたすら向き合う。自転車を漕ぐ時のように、何も考えずに弾けるようになるまで。次の音のことを考えずに勝手に指が動いてくれるようになるまで。

そして、ようやく自分の身体の一部かのようになった曲を弾いている時は、**まるで音の中で泳いでいるよう**です。ただ、音楽の一部になって流れていく。ただただ、気持ち良い。気持ち良すぎて、時々半分寝ながら弾いちゃってる時もあります。笑

「優さんアレンジの楽譜が欲しいです！」と言って頂くことが本当に多いのですが、大変申し訳ないことに楽譜は存在しません。泣

弾いてるうちに覚えてしまうので、そのまま進めていくのが一番効率が良いんです。（楽譜を書く手間も時間も省けるのと、書いている間にアレンジを忘れかねません…。）あと、気分によって弾くたびにアレンジが絶妙に変わったりするので楽譜を作るのも難しいところがあって。

コンサートでも、よく iPad をそばにおいて演奏していますが、セットリストを確認するためのものであって、楽譜などは確認していません。

私の場合、楽譜は身体の中に刻み込まれてある。

だから、皆さんに届けているのは、一度私の身体に入ってから再び溢れ出してきた、私ならではの音楽だと感じて頂けると嬉しいです。

10 歌うピアノの背景にあるのは感受性と共感力

　私、多分1日1回は泣いています。笑

　それくらいすぐに感動するし、感受性が豊かで共感力も異常に高いと自負しています。ドラマや映画を見れば、主人公たちの思いに感情を揺さぶられたまま、時には数日その感情が残っていたり、影響を受けることがすごく多いです。

　毎日のようにちょっとしたことで感情が揺れ動いたり、思わず誰かの気持ちを想像して入り込んでしまうのは、生活においては時に大変なこともあります。

　でも、
　その感受性と共感力の強さが私の音楽には生きている
　と思えるのです。

　私の演奏が「まるで歌っているようだ」と言って頂けるのは、シンガーソングライターだった時代に、実際に歌っていた経験が活きている部分も大きいと思いますが、最も影響しているのは、**その曲の主人公や世界観に入り込む力**だと思っています。

ピアノで演奏する時にはいつも、必ず私はその曲の主人公になっています。例えば、映画『タイタニック』のテーマ曲を弾く時には、必ず前日に『タイタニック』を鑑賞したくなる。それは、ローズになりきって、ローズとして当日演奏するため。演劇のように登場人物になりきって、**セリフを言う代わりに、ピアノを弾いている感覚**です。

　ピアノの音の中に文字が刻まれているわけではありませんが、当然、歌詞のある曲を弾く時にはメロディーの一つひとつに歌詞の意味を込めて弾きます。

　毎日、心動かされることばかりなので、もし鈍感に生きられていたなら、もう少し生きやすかったかもしれません。笑

　ですが一方で、もし鈍感に人生を送っていたら、私の紡ぐ音楽は面白みがなく単調になって、誰かの心を動かすような音を奏でられなかったかもしれないとも思うのです。

　これからもこの感受性と共感力を活かして、曲の中にある魂とシンクロしながら、その心のありようまで、音楽を通してお伝えしていけたらと思います。

お悩みコーナー
Advice Corner

お悩み 1

親子で松尾優さんを応援しています。私の娘も松尾優さんのように育てたいと思っているのですが、何かアドバイスはありますか？

親子で応援してくださる方もすごく多いのでとっても嬉しいです！
ありがとうございます。

自分が子どもだった頃を思い出すと、好きなことはある程度何でもやらせてもらっていたな〜と思います。最初から「将来お金にならないからやめなさい」などと決めつけずに、興味を持ったことには、とりあえず取り組ませてもらっていました。
その様々な経験から、「人より速くできるようになること」「頑張らなくてもできること」「やけに褒められること」なんかを見つけ出していって今に繋がっている気がしています。なので是非、娘さんの「好きなこと」を大切にしてあげてください。
それから、「好きなこと」は自分で見つけられれば良いですが、身近にいる存在だからこそ、その子の「好き」に気がついてあげられる時もあります。娘さんと一緒に色々なことを楽しんで「この子、これやってる時楽しそうだな〜！」と感じることを見つけてあげるのも良いかもしれません。

お悩み　2

ピアノが上達するコツがあれば教えてください

しみじみ思うことですが、なんだかんだ基礎って大事なのかなあと。笑
プロの方でも、独学で弾かれていたり楽譜が読めないなどは多数いらっ
しゃるし、型にはまらない良さってもちろんあります！
けれど、「型にはまらない」を思いっきりできるのは、「型を知っている」
からこそなのでは、と。
私は10年以上ヤマハっ子で、幼稚園の頃から音楽教室でピアノやエレク
トーンを習ってきましたが、その時代があったからこそ基礎力やアレンジ
力が付いたし、即興演奏のレッスンで作曲能力も付いた。総じて、ピアノ
教室はやはり偉大だった、自分の基礎はヤマハ音楽教室で培ったと思って
います。

PART
2

11

生楽器は生き物。ピアノを通した方が "歌える"

　感受性が豊かで共感力が高くて音楽が好きなら、そのまま歌を歌えば良いのではないか？と思う人もいるかもしれませんが、シンガーソングライター時代を経て、現在ピアニストになって確信しているのは、**私にとっては「声よりもピアノの方が歌いたいように歌える」**ということです。

　よくシンガーの方が「声は楽器」とおっしゃっていますが、
　私にとっては「楽器が声」なんです。

　気がつけばもう30年ピアノに触れているので、技術的にもピアノの方が成熟しているということもありますが、何より、グランドピアノなどの生楽器は生きているので、**私の感情とピアノの感情が交わり合わさった時、凄まじい表現力になる**ことを感じます。だからこそ、ピアノの方が想像を超えてくる幅で自由に音楽を表現でき、"歌いたいように歌える"のです。

　一方で、シンガーソングライターとして活動していたこともとてもタメになっていると思っています。
　実は、耳コピからピアノアレンジをする一連の流れの中でも、「一度歌ってみる」という工程がとても大事なのです。

　曲がなんとなく頭の中に入ったら、まずは自分の声で歌ってみる。自分の声を使って一旦曲を表現してみることで、「ここはこう盛り上がりたい！」「ここは少し感情を抑えて表現しよう」などと色濃くシミュレーションすることができます。そしてその後、**実際に歌った感覚のままを、そのままピアノに落とし込む。**

一方で、実は私にも「弾くの苦手やな〜」と思う曲もあります。

それが、ピアノ曲。「ピアノ曲」と私が呼んでいるのは、ピアノのみで演奏することを前提に作られた曲です。それが苦手な理由は、**ピアノ曲にはピアノを弾く上での「正解」がある**から。

ピアノの音が1音1音、楽譜で指定されています。

普段、私は主に、バンドやオーケストラといった、様々な種類の音が混じり合って合奏になっている曲をピアノ一本に落とし込んで一人で弾いています。それはつまり、多くの楽器や音が重なることで構成されている曲の雰囲気を、ピアノのみの音に変換しているということ。だからその際に、例えばフルートが吹いている旋律をピアノでなぞるのか、それともバイオリンが弾いている旋律をなぞるのかは自分で選べる自由があるんですね。

だけど、ピアノ曲には、選ぶとかの話じゃなくて、元々正解があります。それが私には結構窮屈で…！笑

私は自分で自由に曲の世界観を作り上げる方が好きです。

楽譜という正解があると、「その通りにちゃんと弾かないと！」「ここに書いてある音以外は弾いちゃダメなんだ！」と、そればかりに気を取られてしまう。もちろん楽譜は読めるので練習さえすれば弾けるのですが、自由に伸び伸び弾けるかと問われるとどうだろう…という感じなので、今は合わさった音たちをピアノアレンジに変換する方が好きです。

だけど、もしかしたら歳を重ねるとクラシック曲を楽譜を見て弾くのが好きになったりするかもしれないし、それはわからないですけどね。笑

12

実は苦手なこんな曲

13

生音の凄まじさたるや。是非コンサートに！

　たくさんの方が SNS で私のピアノを聴いたり観たりしてくださっている現状は、本当に幸せなことで、日々感謝しつづけています。

　ですが、もし私の音楽に興味を持ってくださったなら、そしてご都合が合う日があったなら、コンサートにも是非来てほしい！と思います。

やっぱり生で聴く音楽って次元が違います。

　私も「この人、本物だよな…」としみじみ心から思える大好きなアーティストさんのライブだったり舞台をよく観に行かせて頂くのですが、たくさんのステージを観てきた中でも特に印象的だった公演が二つあるので、ご紹介させてください。

　一つ目は、玉置浩二さんのコンサートに行った時。

　私はステージからおそらく一番遠いであろう、大きなホールの2階席の一番後ろの席に座っていました。
　幕が開き、いよいよ1曲目、普段から音源では聴き慣れた曲でした。イントロが始まり、玉置さんが歌い出した途端のことです。そのたった一言のワンフレーズで、全身が震えて、気が付いたら涙が溢れていたのです。

　本当に衝撃で、ステージから一番遠く離れた場所にいても、そのたったのひとフレーズで心が震えて鷲掴みにされました。この人はもはや人間ではないのかもしれない、と本気で思いました。笑

二つ目は、久石譲さんがピアノを弾きながらオーケストラの指揮もする、いわゆる「弾き振り」をして演奏されるジブリ曲のオーケストラコンサートに行った時。

　ジブリの映像がスクリーンに映し出される中、大好きでお馴染みの曲たちが演奏されていたのですが、途中で久石譲さんがステージに登場されたその瞬間、会場全体の空気と言いますか、その場の周波数と言いますか、肌でひしひしと感じるくらい何かが変わったのです。

　私の感覚では、よくパワースポットや神社などに行った時に感じるような空気感で、とてつもなく心地良かったことを覚えています。存在だけでガラリと変わる空気。

　その時も、きっとこの方はもう人間とか超越した神様か何かなんだな、と密かに思っていました…。笑
　そして、その神社みたいな雰囲気のまま生の演奏を堪能しました。

　やはり、音源と生では次元が違うし、実際に聴かないと感じることができない、**言葉にならない何かがたくさんある。**

　私にとっても当然、コンサートは普段から応援してくださっている皆さんに会える大切な場所であり、最大限に音の感動を分かち合える場として、とても大切です。毎日ファンの皆さんの存在は感じていますが、やっぱり直接会ってお顔を見ると、「私を応援してくださっている人たちって、本当にいたんだ…！」（当たり前ですが！笑）と実感できて嬉しくなります。

「いつも動画で観ていますが、やっぱり生で聴くと全然違いますね」と言って頂けたり、涙を流しながら聴いてくださっているお姿を見ると、ああ、何かが伝わっていて、そして受け取ってくださっているのだな、と思うことができます。

　私のコンサートには、親子やファミリーで来てくれる皆さんも多くいらっしゃるので、子供たちもたくさん来てくれるのですが、リクエストコーナーで子供さんを当てた時に、もしもその子がピアノを習っていたりピアノが弾ける子とわかったら、「一緒に弾く？♡」とステージに上がってもらうことも多いんです。

　なぜなら、楽しんでもらうこともちろんなのですが、小学生の頃の私が小原孝さんのコンサートで共演させて頂いて色々な感情になったことが今に繋がっているように、大勢のお客さんの前でステージに立つことが、もしかしたらその子にとっても何かのきっかけになるかもしれない。

　是非、コンサートでしか味わえない感覚を堪能しに来てください。
　お待ちしています！

14

耳が良すぎるからこそ、音に疲弊する

音楽を仕事にしていると、「普段どんな音楽を聴くのですか？」と聞かれがちなのですが、私は意外と普段あまり音楽を聴きません。むしろ、きちんと音楽を聴くのは耳コピ中くらいなのです。

というのも、音に疲れてしまうのです。

過去に、初めてのひとり暮らしを始めようと、とある楽器可物件に引っ越して半年ほどが過ぎた頃、突然吐き気とめまいに襲われるようになったことがありました。

楽器演奏可能物件で、二重窓などの防音設備付きのマンションだったのですが、そういったマンションにはやはり音楽活動をする人が集まります。私の部屋の上下階には音大生らしき人が住んでいて、クラシック曲を全力で弾く音が四六時中聞こえてくる状態でした。（しかも演奏曲は入居時から退去時までずっと同じ曲なのでした…！）

何日も続く吐き気とめまい。不調の理由を明らかにしようと、いろんな病院に行ってみたり、大きな病院で脳の CT 検査までしてみたりしたものの異常なし。

しかしある日、帰宅後すぐに流れてきたピアノの練習音を聴いた直後に頭が割れるように痛み出したことに気がついたのです。**私を心身ともに苦しめていたのは、なんと大好きなはずのピアノの音だった**ということに……！　灯台下暗しとはこのこと。

音が鳴り続けている環境にいたことで無意識に音をキャッチして、脳が常にフル稼働状態になっていたこと、特に聴きたいと思わない音や曲を身体に浴び続けていたこと、そしてその音がよりにもよって一番耳で拾ってしまうピアノの音色だったこと。それらの要因が合わさって、睡眠の質も著しく低下し、身体が全く休めていない状態に陥ってしまっていたようでした。

「すぐにここから避難しなければ！」と危機感を覚えた私は、住み始めて１年が経とうとする頃、初めて手に入れた自由の城をあっけなく手放しました。（ポジティブなエスケープ！笑）

　この一件は、自分がどれだけ音に敏感で、音に自動的に脳が反応してしまうか、影響を受けてしまうかを思い知るきっかけになりました。それからは自分の健康を守るためにそのような環境下に身を置かないように意識をして気を付けています。

　勝手に音をキャッチしてしまう。勝手に私の中に入ってきてしまう。それが入ってこないようにオフにすることはどうしたってできない。さらに、耳コピを日常的にするようになってからは、音を拾うスピードも脳の回転もどんどん速くなってきています。

　こういった事情から、**日常の中では、意識的に音を聴かないようにしているのです。**美容室やヘッドスパに行く時には、癒し系の音楽であっても、ドレミで聴こえてきて脳が忙しくなってしまうので、できるだけ音楽を消してもらうようにしています。絶対音感持ちには、ヒーリングミュージックは時に、ヒーリングから自分を遠ざけてしまうのです。笑

この世界は、音という音で溢れかえっています。

　横断歩道の音、来客時のインターホン、電車の中での停車音、店内に流れる BGM、テレビから流れてくる CM ソング…。
　むしろ、音楽をどれだけ避けていても、音自体を避けるのは難しいくらい。

　音楽は素晴らしいけれど、否応なく無限に流れてくると疲れてしまいます。

　だから、私にとっては無音って最高なんです ♡

PART

3

15

本業、松尾優。ピアニストという職業にこだわりはない

私は元々、ピアニストを職業にするとは全く考えていませんでした。

だからこそ、ピアニストを目指す人の王道コースとなる音大受験もしませんでした。高校卒業時にはむしろ、「もう10年以上バリバリピアノを弾いてきたし、ちょっと一旦距離を置きたいな」と思っていたくらいでした。

大学進学は、音大を受験する代わりに、音楽教育学を学べる教育系の学部に進学しました。とはいっても実技が全くないわけではなく、「ピアノを弾く実技は週に1度、声楽とピアノ両方学ぶことができる。しかも距離的にも家から通える！」という理由で京都女子大学へ。自分の理想のピアノとの距離感が、そこにあったからです。

大学卒業前、ヤマハ音楽教室の先生の試験も受けて合格しましたが、それも、ピアノの先生をやりながらもシンガーソングライターを続けたいと思い取得したものでした。

紆余曲折あって、自分がピアニストになるなんて思ってもいなかった。一方で、ピアノと自分の人生を切り離すことも考えられませんでした。

ただ、ひとつお伝えしたいことは、
「私はたまたまピアノだった」というだけなんです。

　この本を読んでくださっている皆様に、
「楽しいからピアノ始めようよ！　みんなピアノ弾こうよ！」
と言いたいわけではありません。

　何よりも大切にしたいのはやっぱり、自分が今ワクワクすることをやるってこと。忘れてはいけない、本業は「自分」だということ。

　だから、極端な話、ある日突然、急にイルカと泳ぎたくなって、イルカトレーナーにでもなっているかもしれません。笑
　そんなこともももしかしたらあり得るかもしれない。兎にも角にも、**心の声を聞くことを自分に許してあげていたい**と思います。自分が何者かを決めつけて、自分の人生の幅を狭めたくない。

　本業、松尾優。

　小さい頃にたまたまピアノに出会って、ピアノがあって当たり前の存在になり、お仕事としてもさせて頂いている。今は！

16

台風が連れてきた、人生の転機

今や、SNSでの投稿は私の日常となりました。

「松尾優」の存在をSNSで知ってくださった方も多いと思います。
　ですが、最初から「SNSで有名になろう！」と思って、狙って始めたような活動ではなかったのです。

　なんせ、当時はYouTubeもほとんど触れておらず、登録者数も数百人で、リリースした曲のミュージック・ビデオをアップロードするくらいの用途としてでしか使っていなかった。

　ピアノに軸が戻るきっかけとなったあの動画を撮影したのは、中国ツアーから帰国してからすぐ、東京へ友達に会いに行った時。ちょうどストリートピアノが日本で流行りだしたタイミングだったので、私も友達と都庁おもいでピアノに出向いて、何曲か演奏したのです。それを偶然、友人が撮影してくれていたのでした。

　しかしその動画も、SNSに投稿するなんて意識が全く頭になかったので、東京観光を楽しんでいる間に、動画の存在自体を忘れてしまっていました。笑

それから少し月日が経って、ある日、台風がやってきました。
　晩ご飯に行く予定だった約束も台風のためキャンセルとなりました。すっかり暇になったな〜。多くの人が、暇な時にぼんやりとスマホを触り続けるように、私もぼんやりとカメラロールを眺めていました。

　その時、ふと目に留まった東京都庁でのストリートピアノの動画。

「そう言えば、ここでストリートピアノ弾いたなあ。今、ストピってYouTube でも流行ってるんやっけ。私も投稿してみようかな、暇やし」と、本当に軽い気持ちでアップしました。そして、動画を投稿したことさえも忘れるような無頓着さで、その日はそのまま眠ってしまいました。

　翌日。なんとなく YouTube を開いてみてびっくり。
「何この再生数……！」

　いつもなら動画を投稿して１日経っても、再生数は 300 回くらいのものでした。しかし、ストリートピアノの動画は、投稿して数時間で数万回再生を超えていたのです。

「これが "バズ" ってやつなのか……!?」

　当時、＃ストリートピアノ　＃都庁ピアノ　がホットワードだったからもしれません。台風でたまたまみんな YouTube を観ていたのかもしれません。様々な好条件が重なったのかもしれません。

ですが、その時の私は中国ツアーの最後にボスから「君のピアノは圧倒的だ。それなのにどうしてもっと堂々とピアノを弾かないの？」と言われたことをもう一度思い出しました。

　さらに思い出したことは、この時の私は、「目立たないように抑えて弾くこと」をやめて、思いっきり自由に、出し惜しみなく弾いていたこと。
　その思いっきり自由な演奏を、多くの方が受け入れてくれている…？

　そこに気が付けた瞬間、知らず知らず過去のトラウマとなっていた「そのピアノ、もういいから」事件から、きっと完全に解放されたのです。

　…そうや、私の原点ってピアノやったやん。

ピアノを弾く未来が、私を呼んでいる。

　自分らしいピアノを披露することで喜んでくれる人がいるなら、ピアノを弾くことに集中してみたい。

　そこから、ピアノ演奏に軸が完全に移りました。

　ピアノに集中することに決めた私は、そこからSNS投稿を続けることにしました。

さらなる偶然で、ちょうど当時住んでいた京都の中心地・京都駅にも初めてストリートピアノがやってくることが話題になっており、「次は京都駅で弾いてみよう！」とストリートピアノ演奏を再び撮影。投稿したら、瞬く間に再び大バズ。コロナの気配を感じる時期だったタイミングもあり、自宅で動画を観る人が増えたのか、投稿するごとに手応えがありました。

　SNS ってすごい……！
　広がる時のその速さ、広さ。
　想像以上の SNS のパワーを実感した瞬間でした。

　SNS は環境を変化させていくスピードもすごかった。
　これまで感じたことのないスピードで動画は広がり、私のことを知ってくれる人もどんどん増えていきました。

　SNS をきっかけに生まれるチャンスも増えていきました。

　道端で見知らぬ人から、いつも見ていた思わぬ人から「SNS 見てます、ファンです」と声をかけてもらえるようになったこと、これまでに行ったことのない土地でソロコンサートをさせてもらえるようになったこと、日テレの音楽番組「with MUSIC」にて、YOASOBI さんのバンドメンバーとして参加させてもらったことだって、関係者の方が動画を観てくださったことがきっかけです。そして、この書籍を出せたのも。

何より、これまでには出会えなかったお客様にも出会えて、新しい世界が幕を開けたような気持ちになったことを覚えています。

　SNS は私に新しい世界を見せてくれます。
　軽々と国境なんて越えます。
　SNS を通すことでしか出会えなかったであろう、皆様に会えてよかった。
　ピアニスト松尾優という自分に出会えてよかった。

　たまたまやってきた台風が、私の人生に新たな風を吹かせてくれました。

質問コーナー
Q&A Corner

Q

子供の時はどんな風に
練習をしていましたか？

悔し泣きしながら練習に明け暮れた小学生時代でした。

ピアノでは念入りな基礎練から始まり、クラシック曲ばかりを弾いていました。あとから始めたエレクトーンではポップスの曲が多くて、その時にリズム感がついたのだと思います。

小学校低学年の頃は、「今日は○時までは練習する」と決めて、お友達からの遊びの誘いなども断って練習していました。毎日最低２時間は必ず練習すると決めていたような…。できない自分に怒って、負けず嫌いが大爆発！　弾けないことが悔しくて、常に泣きながら練習していた記憶があります。残念ながら、練習が楽しかったという印象は特にありません。笑

それでもやめずに続けられたのは、音楽が根本的に好きだったのでしょうね。

Q

自分の性格を一言で表すと？

一言って難しい。皆さんに聞きたいくらい！
物事の捉え方はポジティブで、切り替えも早い方。
何かを決定する力や行動力もあると思います。
男前！と言われることも多々。
だけど、繊細で傷付きやすく、様々なことに敏感ではある…。
ちなみに動物占いでは「落ち込みの激しい黒豹」なのですが、そういうことなのかな？笑
MBTIは、INFJ-Aの提唱者です。

Q

大事にしている言葉があれば教えてください

高校生の時にほんの少しの間だけアルバイトしていたお店があって、そこの駐車場にいた警備のおっちゃんが優しくて大好きで。顔を合わせるたびに何か最近の話をしたりと結構仲良かったんですけど、ある日別れ際に「優！　お前のその笑顔最高やから、これからも大事にしろよ！」って言ってくれたこと、今でもそのシーンは鮮明に覚えているし心に残っていて、大事にしています。

好きな言葉は「Variety is the spice of life（変化は人生のスパイスである）」という言葉かな。大人になればなるほど、ずっと大切にしたいものや、変わらないであることがありがたいと感じたり、普遍的なものの大切さもしみじみわかってくるけれど、やっぱり、新しい世界、新しい誰か、新しい自分に出会うのはワクワクするから好きなんですよね。

あと、ファンの皆さんにはお馴染みの、いつもよく撮影してくれるあまゆきさんが Instagram のストーリーで載せていた言葉が、度々私を奮い立たせてくれるので、シェアさせてください。

変わりたいなら
「変わるんだ」と腹を括ること
たった一人でもやる勇気
誰の助けがなくてもやる意思
今までのものや人を手放す勇気
執着は恐怖からだと知ること
自分を信じる強さ
本気なのか常に確認すること
本気なら、１秒も無駄にしないはず

Q

印象的だったピアノ教室の
レッスンはありますか？

確か4歳くらいの頃、おそらくピアノを始めたてだった時だと思うのですが、「曲に抑揚をつけましょう」という宿題があって、レッスン日までその練習をしたことはよく覚えていますね。抑揚ってどういうことなんだろう？って最初は全然わからなかった。

でも、自分なりに「抑揚」は「感情」なのかも？という答えに辿り着いて、いつもよりそこに意識を向けてたっぷり練習して教室で聴いてもらったら、ピアノ教室の先生にものすごく褒められたことが記憶に残っています。その時に、「音楽って感情を添えるともっと良くなるんだ！」ということを知りました。ピアノって鍵盤を押しさえすれば音は鳴るし、曲を弾くこともできるけれど、そこに抑揚という感情を乗せるひと手間を加えると、それだけで音楽は生き始めるんだなって。

Q

ピアノを弾いていてテンションがアガる瞬間は
どんな時ですか？

自分と相性が良い曲を弾いている時かな。
「これ私やん！」「まるで私が作った曲！」って感覚で弾いている時。笑

私が選んで弾く曲は、自分が弾いていて気持ちがノる曲かどうかをものす
ごく大事にしているので、曲が持つパワーに自分も感動しながら弾いてい
ることもありますね。感動を生み出しそれを届けたいなら、まずは、自分
が感動できなければ。

Q

どういう人が好きですか？

自分のスタイルを持ってる人が好きかな。我が道を行ってる人が好き。
なんか、「潔くて気持ち良いな！」って晴れやかな気分になります。
我が道を行くことで実はそれが誰かのためにもなっているような、良いエ
ネルギー循環が起きていることが見えると、この人一体何者？とさらに魅
力的。
つまりは「カリスマ」と呼ばれるような人でしょうか。笑
寛容であり、エネルギッシュであり、冷静で聡明でもあり、自分の力で人
生をどんどん切り開いている人が好きです。

Q

優さんの心の栄養になっているものがあれば
教えてください

今はとにかく猫ちゃんかな♡
スコティッシュフォールド立ち耳の女の子、名前は『ももり』。
その後にお迎えした、ラグドールの女の子、『クロエ』。
通称、ももクロです！笑
２匹とも運命的にビビッと来て我が家にやってきました。
絶大な癒しをくれて、感謝感激です。
最近は、可愛かったり面白かったりした日常を瞬間を切り取って
動画を作るのも楽しいです。
＊ Instagram @ momori_chloe

Q

普段どのようなピアノを使われていますか？

実家にはグランドピアノ（YAMAHA の C3）があるのですが、一人暮らしをしている家に置いているのは電子ピアノです。

YAMAHA の P-125 という機種を使っています。

（現在販売されているのは P-225）

電子ピアノに指が慣れてしまうとグランドピアノを弾く時に感覚が鈍るというイメージがあったし、かつては私もそうだったのですが、いつからか大丈夫になりました。

「大丈夫」と自分で決めてマインドセットしてから、本当に大丈夫に。

Q

ピアノを辞めたいと思ったことはありますか？

私にとっては空気みたいな存在で、あって当たり前という感覚になっているので、辞めたいと思ったことはありません。続けるとか辞めるとかを、そもそも考える対象ではないという感じです。

PART 4

17

目標を掲げない理由

私は憧れにも固執しませんが、目標も掲げないようにしています。

大きく目標を立てたりゴールを決めて、そのためには今何をすべきなのか。という考え方をする方が、取り組みやすく前に進めるという人もたくさんいると思うけれど、私は逆なんです。

もし目標なんて決めてしまったら、それに向かって一直線で、きっと、目指している場所以外の素晴らしい場所にたどり着きかけても「目標場所じゃないからダメ！」という思い込みが働いて、そこからすぐに出ていこうとしてしまいます。（ゼロヒャクなんです…。笑）

本当は、世界はもっと広くて、思いもよらなかった幸せとの出会いだってあるはずなのに。私自身は毎日どんどん変化変容するのに、過去に掲げた目標のせいで、「だけど、この目標を達成しなきゃ！」と、**自分を縛り付けるくらいなら、別になくて良いと思う。**

だから、長い日数私の人生を固定する目標は持たないようにしています。ある程度の余白（遊びの部分♪）がある方が、私はなんだか落ち着きます。

ただし、

今何を感じているのかということを常に内省することは重要。

最近よく耳にするようになりましたが、「書く瞑想」とも言われるジャーナリングもおすすめです。ジャーナリングとは自分の思考や感情をノートや紙に書き出すマインドフルネスの技法で、嬉しかったこと、悲しかったこと、もやもやしていることなど、頭の中でぐちゃぐちゃになっている思考や感情を書き出して可視化することで気持ちもすっきりします。

たとえ立派な目標がなくても、**目の前にあることに楽しく一生懸命取り組んでいれば、きっと向かうべきところに向かっているはず。**そう私は信じています。憧れも、目標も持たない。

明日何が起こるかなんてわからないし、今目の前にあることをワクワクしながら精一杯やった先の未来が見たい。
その未来も、きっとワクワクしたものだと思うから。

18

その誰かには一生なれない。だから私は憧れに固執しない

憧れること自体は、とても素敵なことだと思います。

憧れがきっかけで、その道を目指すことになったり行動できることもたくさんあるし、自分だけを見つめていては手に入らない未来を連れてきてくれることもあります。

憧れは嫉妬心とも似ていて、
自分が何を欲しているのか心のバロメーターにもなります。

だけど、「憧れ」は使い方に注意。
だって、**その人にはなれない**から。

いくら憧れても、私はいつまで経っても私でしかない。
だから、「その人になるための努力」っていうのは努力の方向が違うんじゃないかと思うし、時間が勿体無いと感じます。

憧れて、きっかけがあって、スイッチが ON になったのなら、
自分のままで、自分ならどんなことができるのか考えて、そっちにパワーを注ぎたい。

だから「憧れ」は「きっかけ」で良い。

19

予期せぬことが起きても「これが最善で最高」

　先日、中国ツアー時代のお話をしていると、
「辛くなかったの？」「大変じゃなかったの？」と聞かれました。

　聞かれて初めて私は「そっか、あれは他の人にとっては大変な経験になるのか」と思いました。

　見知らぬ土地に突然何ヶ月も行くことになり、周りに知ってる人はだれもいない環境で、毎日移動と本番の繰り返し。さらにコンサートの形式も、これまで経験したことがなかった慣れてもいない全編ピアノのみでの演奏。
　──確かに、言われてみると、結構大変そうですね。笑

　だけど、私はその時ずっと
「こんな経験をさせてくれてありがとう」と思っていました。

　それに、もう来てしまっているんだし、「やるからには全力で！」と思っていました。そうして夢中でやっている間に、いつの間にか見知らぬ土地を回ってピアノコンサートをすることにも慣れていったし、その先に、人生の転機となるようなあの言葉とも出会えました。

　私は常日頃から、あまり「辛い」と思うことがありません。

　なぜなら、大前提として
自分に起こっている出来事は全て、
起こるべきことが完璧なタイミングでただ起こっている
としか考えてないから。

　だから、普通の人が「大変」「しんどい」「苦労している」と思うことも、「今自分に必要なことがただ起こっている」としか思いません。

121

逆に、もし途中で物事が動かなくなっても、「きっと今じゃないんだな」と思えるので、無理やり進めようとしたり悪あがきすることもなくなりました。

むしろ、大変だと思うようなことが自分に起こったとして、「からの〜？（何が起こるの?!　ここからどこに導いてくれるの!?)」と思っています。笑

もちろん、本当に嫌だったり、違和感を覚えたり、「これ絶対違うな」とか「学びとかじゃなくて辛いだけだ」と思ったりすることからは直感に従って脱出しないといけないと思いますが。

私も、昔はすぐに「どうしてこんなことが起こるんだろう」「今やろうとしていることは、自分には向いていないのかもしれない」と思い詰めていました。だけどある時、「これじゃ未来は開けないな」と、思ったのです。起こることはみんな同じでも、それをどう捉えるのかでその先の未来がまるで変わります。

ピンチをピンチとして捉えて焦り落胆するのか。
ピンチをチャンスと捉えて前向きに切り替えるのか。
事実は同じでも、捉え方次第で過去が変わる。

すべての出来事は、起こるべき時に、起こるべくして起こる。

予期せぬことでも、私やあなたの**目の前で今起こっていることは、いつも最善で最高の出来事。**

20

緊張することをやめてみた

20年以上様々なステージに立っていますが、

大きく変わったことと言えば「緊張しなくなった」ことだと思います。というより、**緊張することをやめました。** 笑

ただ単にステージに慣れたからという話でもありません。元々は、多少の緊張感はあった方が良いパフォーマンスができると思っていたのです。あることを思い出して、「緊張っていらないかも」と思うようになりました。

それは、ヤマハっ子時代、中学生の時にエレクトーンコンクールに出ていた頃。まだ過剰な完璧主義子ちゃんで、本番ギリギリまで自分を追い詰めるのが常でした。

しかし、関西大会くらいのまあまあ大事な本番の日に、同じ大会に出る出演者のお友達と出番直前まで楽しく喋っていて（！）、まるでお家にいるようなリラックスモードのまま、何も力まずにステージに立つことになった日がありました。

いつもなら、ギリギリまで楽譜を目で追ったり、「緊張は必要なんだ!!」と決めつけてステージに向かっていたのですが、（思い返せば、それで良い演奏をできた試しがありませんでした。）その日は完全にリラックスした気持ちのままステージに出てしまった。ですから、演奏が始まる直前、鍵盤に両手をセットした瞬間、「え、私こんな普通で今からほんまに大丈夫なんかな？」と思っていました。笑

しかし、**結果はむしろ良かった**のです。

その時できる最高の演奏だったと自負できるくらいで、なんと賞まで頂いちゃいました。

それから大人になって、ソロで音楽活動を始めてステージに何度も立つようになって、ある時、その日のことを思い出したのです。

「あれ？　緊張っていらんかも？」

　そして、「自分がお客さんの立場だったら、緊張でガチガチになっている人の演奏が聴きたいか？」と問うたのです。よくよく考えてみると、緊張が伝わる演奏って、聴いているとこちらまで緊張してしまったりして、音楽の素晴らしさを堪能できないですよね。

　な〜んや、それやったらほんまに緊張なんていらんやん。笑

　そう考えるようになってからは、**「緊張はした方が良い」から「緊張はなくて良い」という考えにシフト**して、良い意味で緩んだ気持ちでステージに向かうようになりました。そうすることで、普段お家で弾いている時のように、純粋な気持ちで曲に没頭できる演奏が自然にできるようになっていきました。

　お客さんはきっと、緊張というノイズがある姿よりも、100% 曲に集中して弾いている自然体な姿を見たいはず。

　これと似たエピソードなのですが、
　ミスタッチすることを自分に許可したら、ミスタッチをしなくなりました。

　今まで、「ミスタッチはしてはいけない」「ミスタッチしただけでその日のステージはダメ」みたいな感じで、自分にルールを課してミスタッチするたび落ち込むという状況だったのですが、それも考え方をガラリと変えて、「人間なんだからミスタッチくらいするよね」「逆にミスタッチが聴けたお客さんラッキー説！笑」みたいな感じで、ミスタッチしても OK という許可を自

分に出しました。

　そうした途端、不思議なことにミスタッチをすることは滅多になくなりました。そうです。**結局、自分で自分を勝手に苦しめていた**のです。

　これからも、お客さんに楽しんでもらえるように、自分もリラックスして音楽を楽しみたいと思います。

お悩みコーナー

Advice Corner

お悩み　3

松尾優さんの動画をきっかけに、音楽に興味を持ちました。私は50代男性なのですが、今からピアノを始めても遅くないでしょうか？

全然遅くないです！　大人になってからでも、ピアノは楽しめるはずです。
音楽教室の先生としてピアノを教えていた時代もありましたが、歳を重ねてから音楽を始める人もたくさんいました。
年齢って本当に関係ないんだなって。
あと、好きなことをしている人って輝いているなと感じます。
是非、一緒に音楽を楽しみましょう！

お悩み　4

松尾優さんは、中国ツアーなど、人との出会いによって人生が変わる経験をよくされていると感じました。それは松尾さんが周りの人に愛されているからこそだと思います。松尾優さんが、人付き合いで大切にしていることはありますか？

背伸びしないことですかね。

無理に自分を良く見せようとせず、できるだけフラットで素でいようとしています。嘘もつかないですね。仲が良い人にも「お前は嘘をつかないから良い」と言われたことがあります。というか、なんでも顔に出るのでどうせすぐバレるから嘘とかつけないんですよね。笑

背伸びしても、取り繕えるのはその場だけになってしまうから。

この先も関係を続けたいなと思う人には、自分を飾らずに自然体でいることを大切にしています。

PART 5

21

セルフラブはバスルームにて

バスルームは私が私に戻れる秘密の場所です。

悲しみや怒りといった悶々とした感情は
涙と共に洗い流してしまいます。

喜びや嬉しかった感情は
体全体にどっぷりと浸し、味わうことができます。

ところで、自分の両手で自分をぎゅっと抱きしめると、
セルフラブのエネルギー循環が起こって良いらしいのです。
誰も見ていないから、
試しに両手を背中にまわして抱きしめてみたら…

なるほど、なんだか幼い頃の私を抱きしめてあげているよう。
なるほど、確かに愛が身体中をぐるぐるしているよう。

周りを幸せにしたい。
それならまず自分を幸せにしなきゃね。

周りを癒したい。
それならます自分が癒されてなきゃね。

周りを笑顔にしたい。
それなら自分が心から笑えてなきゃね。

22 ごきげん最強説！ 自分が幸せだから、誰かに幸せを届けられる

いきすぎた完璧主義ではなくなったけれど、未だに妥協ができない性格というのは健在です。

「変じゃないからまあいいか」とか「気に入ってないけど、捨てるの勿体無いからそのまま使っておくか」ができない。

嫌なものは嫌なんです。笑

社交的で友達多そう！　いろんなところによく出かけてそう！　などとよく言われますが、実際のプライベートは、ごく少数の本当に仲の良い人だけと交流するタイプだし、普段家にいることの方が多い分、部屋の居心地はかなり重要で、インテリアなどのこだわりも強いです。

お洋服から香りまで、自分のテンションがあがるようなものだけを身につけるようにしています。

それもこれも、

自分が幸せでないと、誰かを幸せにすることなんてできない

と思っているからです。

私が心から楽しく幸せに人生を謳歌しピアノを弾いている姿が、誰かを勇気づける力になっていると思っています。

だから、自分をごきげんで居させてあげることは、私にとって基本中の基本。なんなら、そこさえ徹底していれば、人間関係だって仕事だって大体のことはうまく進みます。（松尾調べ。笑）

だって、不機嫌な人と居るよりご機嫌な人と居たいって思いませんか。

私は、そう思います。

自分がごきげんでいるためには、とことんこだわる。

それこそが、私のこだわりです。

23

イライラしたり悲しくなったりするのは自作自演かもしれない

　誰かが自分にそっけない態度を向けてきた時。

　ついつい「どうしてあんな態度だったんだろう？」「私の何が悪かったのだろう？」と考えること、ありますよね。

　私も共感力や想像力が豊かな分、相手の表情の変化にもすぐに気づいてしまって、ついつい相手の気持ちを受け取ろうとしてしまいます。

　あるいは「何でそんな態度を取るの!?　ひどくない!?」と怒ってしまうこともあるかもしれません。向き合う人が大事な人であればあるほど、ひどい態度を取られたことが悲しくて、強い悲しみが怒りに変わるのも理解できます。

　だけど、冷静に思うのです。

「怒らせたのかも」と考えて、
　**勝手に一人でドキドキ・イライラしているのは
　自作自演なのかもしれないと。**

　こちらは「怒らせた」と思ったかもしれないけれど、本当はただ、考え事をしていただけかもしれない。あるいは、こちらも相手に対して同じような態度を取っていて、その態度に合わせてきただけかもしれない。あるいは、ただお腹が空いて機嫌が悪くなって頂けかもしれない。笑

何にせよ、何が本当なのか真実はわからないのです。

「こんなことで怒るのはおかしい」と思うのも、「こういう気持ちで怒ってるに違いない」と思うのも、全て決めつけで、こちらから見た印象や推測でしかありません。

それって、相手の物語を勝手に作って、怒ったり悲しんだりしている、自作自演かもしれないなって。

今あなたが抱いている怒りや悲しみが、存在しない事実によって作り上げられているなら、そんなに虚しいことはありません。無駄な労力で疲れるのは極力やめたい。

こちらが誠意を持って発言したり対応したのなら、
そこから先の受け取り方は相手次第でしかないから。

24

器用貧乏は器用リッチと考える

「器用貧乏」って言葉は、なんかちょっと意地悪すぎる。

だって、何でも器用にできるって、ものすごくいいことでしょう？できることが多ければ、人生の幅はものすごく広がるし、全部を極められるなら、全部極めるに越したことはない。なのに、「器用」を「貧乏」という扱いにするのはちょっとネガティブすぎませんか。

こういう言葉は意外と私たちの身の回りに潜んでいます。
一見ネガティブな言葉に惑わされないでいたい。

裏を返せば実はめっちゃ良いことってたくさんある。

「器用貧乏」だって「器用リッチ」だと思っちゃえばいい ♡
ネガティブに受け止めるのか、ポジティブに脳内変換してそれを強みにするのかは、自分次第だ。

25

本番前のルーティーン

会場を見てから衣装を決める

ありがたいことに、衣装や服装を褒めて頂くことがとても多くて嬉しいです！

まず、演奏のお仕事やストリートピアノでの動画撮影が決まったら、会場の下調べをするところから始めます。衣装に関しては、必ず弾く場所のロケーションを確認して、その場所、周りや背景との色合いやニュアンスの組み合わせが合うのかを必ず確認するようにしています。なぜなら、自分の気分が上がることはもちろん、ピアノ演奏を楽しむ時、耳で楽しむんでくださるのと同時に、**皆さんが目でも楽しんでくださっていることを感じるからです。**

爪の長さをミリ単位で整える

　爪の長さで弾く感覚がまるで変わってしまうので、爪の長さはミリ単位で整えます。やすりで少し整えるだけでも格段に弾きやすくなったりするのでメンテナンスは欠かせません。

本番前は衣装をまとった状態でストレッチをする

　ピアノの演奏はほぼスポーツだと思っています。
　衣装を着る前にストレッチしても良いのですが、衣装を着てヒールを履いてからストレッチするとより気合が入ります。前屈とかアキレス腱伸ばしとかよくします。手や腕ももちろん使うのですが、**意外と必要なのが足腰の筋肉。**整体なんかに行くと「お尻周りの筋肉すごい！」とよく言われます。笑

すぐに曲を弾くリハに入らず、
まずはピアノに挨拶して対話タイムから

　私はできるだけ事前にピアノに触れて"対話"するようにしています。
　ピアノは生きていて、命が宿っているんです。
　それぞれのピアノには性格や癖だってあります。
　気高く誇り高き性格のピアノさんだとなかなか簡単に心を開いてくれない時だってある。だから、指先で下から上まで白鍵も黒鍵も全部の音を鳴らしながら、対話していきます。

まずは「やっほー、こんにちは。これから数日よろしくね」といった挨拶。

挨拶を終えたら、様々な鍵盤に触れながら、ピアノの性格やその日の調子を掴んでいきます。これくらいで弾いたら、これくらい返してくれる、この音はこれだけ返してくれるけど、この音は違う——。

親しみやすくて「一緒に遊ぼう！」とすぐにノってきてくれるピアノもあれば、プライドが高くて「もう少し君の様子を見てから今日鳴らすか鳴らさないかを決めるから」みたいなピアノもある。笑

最初から気が合うピアノもあれば、時には「なんか、最後まで打ち解けられへんかったなあ」と思うピアノだってあります。

それでも、会話しておくのとしないのとでは全然違う。初対面のピアノでいきなり演奏すると、隣の音まで鳴ってしまったり、力を抜いても予想以上に飛び出てきて激しい音になってしまったりすることも。だから、事前にピアノと心を通わせておくことは、私にとっては欠かせないルーティーンです。

そして、本番前日に触れることができたとしても、当日にも必ず同じようにピアノと対話します。温度や湿度でピアノの音ってすごく変わるので、天気や気温が少し違うだけで、ピアノの調子（体調）が全然違う。

私にとって、目の前のピアノは乗馬する時の馬のようなもの。

その日のバディ。

だから、「今日はよろしくね、調子大丈夫そう？」と時間の許す限り語りかけます。

そういった準備の過程があって初めて、やっと皆さんの前でピアノ演奏に集中できる状態になります。

26

赤の魔法

「俺、洋服は基本全身黒なんだけど、黒ばっかりって良くないらしくてさ、ヨガの先生に言われるがまま、下着だけ赤に変えたんだ。そうしたら、めちゃくちゃ力が湧いてきて、生き生きしはじめたんだよ」

美容院のオーナーさんが私に教えてくれました。しかも、異性からも急にモテだしたという。私はニヤリとした。そうなのですよ。赤い下着はモテ度が爆上がりするらしいのですよ。

美輪明宏さんが赤が持つパワーについてお話しされていたことがありました。「生命の塊の象徴である赤ちゃんのことを、『黒ちゃん』でも『青ちゃん』でもなく『赤ちゃん』と呼んでいるでしょう？ それこそが赤のパワーを物語っているでしょ？」とのこと。うん、確かに。

私自身も、赤い色にはとてつもなくパワフルな力が秘められていると感じています。

タモリさんがサングラスをしているように、私も何か自分のトレードマークをひとつ決めたい、と思ったのが20歳頃。シューズボックスに入ったまま、全然履く機会がなく眠っていた赤いハイヒールを見て、すぐに「私はこれにしよう」と決めました。それ以来、衣装では必ず赤い靴を履いています。

ピアノを弾く時のベストなヒールの高さは8.5センチ。ヒールは高ければ高いほどフォルムは美しい。その一方で、9センチだとピアノを弾く時にペダルが踏めないことがわかり、8.5センチに落ち着きました。

素敵な靴は素敵なところへ連れて行ってくれるというエピソードがあるけれど、赤い靴は私をたくさんの素敵な場所へ連れて行き、演奏させてくれました。今となっては、シューズボックスで眠っていた赤いハイヒールが、素晴らしい時間を過ごし、苦楽を共にしてきた相棒です。エネルギッシュな赤のパワーも合わさり、トレードマークとして我ながらナイスな選択をしました。

　ただ、赤いネイルでグリッサンド（※）をすると赤色の線が鍵盤に残ってしまうため要注意。爪痕（リアルな方の。笑）を残さないように気をつけています。

※グリッサンド：一音一音の音を区切ることなく、隙間なく音を上げ下げする演奏技法。鍵盤の上で指および爪を水平に滑らせるようにして演奏する。

27

誰かが羨ましくなったなら

人に対して抱く羨(うらや)ましさや嫉妬心は、自分の本心を知るきっかけになる。自分の嫉妬心を注意深く覗(のぞ)いてみれば、その人がしていることが、実は自分が本当にしたいことだったり、自分だってもっとこんな風にできるのに、という思いに気がつくことが多いです。

だけど、嫉妬心に飲み込まれてはいけない。

嫉妬心は、自分の本当に欲しいものを見つめるためだけに使いたい。嫉妬心の中身を覗き終わったら、「本当にしたいことを教えてくれてありがとう」と言って、手放します。

なぜなら、嫉妬心や反骨精神は波動がダークで重いし、不必要な念となって、時に自分にも重くのしかかることがあります。

嫉妬心を手放すコツのひとつは、その人の輝きの裏側にある表に見えていない努力を想像すること。自分は、その成功の裏に隠れている何百倍もの努力をも真似できるだろうか?

そして、努力にともなう苦悩を果たして背負えるだろうか?

そんな風に考えていると、きっと嫉妬心はいつか尊敬へと変わるはずです。

そして結局、人生を変えるのは自分。
どこまでいっても、自分は自分。
自分に集中するしかない。

**手に入れたいものに気づいたならば、
そのエネルギーを、相手ではなく自分に向けて放て。**

28

大きな夢を叶えるには、目の前の人とのキャッチボールから

大きな夢を持つのは素晴らしいことだと思います。

でも、決して初めから、大きな夢だけにとらわれないこと。

夢を叶えるということは、キャッチボールに似ているなと感じることがあります。なぜなら、夢を叶えることは多くの場合、誰かの期待に応える要素があると思うからです。

求められることを表現して、喜んでもらう。視聴者が期待するものを見せて、フォローしてもらう。そんなやりとりが、相手の思いを受け取って相手に送り返すキャッチボールのようだと感じるのです。

どんなに大きく壮大な夢も、小さなキャッチボールから始まるんじゃないかと思います。

今ある環境やすでに応援してくれている人への感謝の気持ちを忘れずに、目の前にいる人とキャッチボールをしていくその先に、開かれた未来があるんじゃないかと思っています。

それに、ボールの返ってこないキャッチボールは、そもそもいつまでも続けていられません。

「今ないもの」ではなく「今あるもの」の方にフォーカスする。

そうすると、さらに「ある」現実が引き寄せられてくるのではないでしょうか。「今あるもの」にフォーカスしてみたら、「待って…実は私ってめちゃくちゃ幸せ者なんじゃない⁉」と必ず思えます。

141

29

褒め言葉から発掘できる自分らしさ

自分らしさってなんだろう。

それは誰しも一度は考えたことのある問いなのかもしれません。自分らしさを理解するために、誰しも一人で思い詰めるけれど、案外、**他人からの褒め言葉が、大きなヒントになることもあります。**

私はなんでも一人で決めないと気が済まないようなタイプだったのですが、「周りにいる人たちがくれる褒め言葉にそろそろ耳を傾けてみようかなあ……」と思い始めた時がありました。ちょうどSNSでストリートピアノの動画をアップし出した頃。新たに多くの人が「ポップスピアニスト 松尾優」を知り始めてくれている最中でした。

ピアノを弾いている姿をいつものように撮影してもらっている時。「優ちゃん、脚綺麗やしもっと出したら？」と、友人が真顔でさらりと言ったことがありました。しかし、私はすかさず、怪訝な顔で「え」と返してしまいました。笑

それまで自分の脚なんかに意識をフォーカスしたことがなかったのと、綺麗だなんて一度も思ったことがなかったのです。ただ、身長が低いのでミニ丈のスカートやパンツを穿くとファッションとして全体のバランスが取りやすいのは確かでした。実際にその理由で、プライベートでミニ丈のボトムはたまに穿いていました。

でも、ピアノを弾く時にショートパンツやミニスカートって、他でもあんまり見たことがなかったのです。ピアノと聞くだけで清楚でクラシカルな方が良いというイメージがどこかでまだありました。「まあまあな露出して、そんなファンキーな…」と思いつつも、私は友人からの言葉を素直に受け止めてみることにしました。ミニスカートはやっぱり演奏する時に気を遣いすぎるのでやめたものの、思い

きってショートパンツを穿いて撮影をしてみることに。すると、その動画を
アップした途端、良くも悪くも脚へのコメントが殺到。笑
　予想外の大反響。大半は褒め言葉でした。

　さらに、何より大きかったのは、自分の気持ちの面での変化でした。
　短いボトムを穿いてピアノを弾くと、**活発で生き生きとした自分になれた
気がしたのです。**こ、これは今までなかった感覚…！　この時、洋服はマイ
ンドを変え、時に性格までも変えてくれるパワーがあると思い知りました。

　それ以来、「この服めっちゃ似合う」「これどこで買えますか？」など、反
響があった洋服や衣装などは覚えておいたり、「○○が似合う」と言われた
りしたら、褒めて頂いた言葉は素直に受け取って、メイクなり洋服なり取り
入れるようにしています。

　周りからの好評度と自分の中での**ときめき度が高いアイテムを身に纏うと
自信もみなぎる**し、自分も周りもハッピーになる感じが生まれて楽しい。

　そうやって、周りの人の意見を聞きながら、自分の衣装を変えていく過程
で気づいたのですが、見た目のことだけではなく、「明るくてポジティブな
ところ良いよね」とか「初対面の人ともすぐ仲良くなれるコミュ力すごいわ」
とか、性格や内面に関する褒め言葉からも、自分らしさを見つけていけるこ
とって、実はこれまでにもたくさんありました。

自分で自分のことがよくわからない時、近しい人たちに「私ってどういうイメージ？」「どういうのが似合うと思う？」とかって聞いてみると、意外なところから新たな発見があるかもしれません。

　ただ流されるのはもちろんよくないけれど、誰かが純粋に伝えてくれる褒め言葉には、素直に聞く耳を持ち、冷静に分析、判断することを大切にしたいと思っています。

質問コーナー
Q&A Corner

リフレッシュ方法は？

素足で大地や海に触れる"アーシング"をすると、ものすごく癒やされます。自然の力ってすごいですよね。時間があるとよく海に行きます。そこで裸足になって砂浜を歩いたり、足だけでも海に入って、水に触れたり。そうしていると、放電効果もあるし気持ちが落ち着く感覚があります。
それから、"氣が良い"と言われるような場所にも行きます。神社とかお寺とか。地元京都には神社仏閣が当たり前に日常の中にあって贅沢な環境だったんだなと今になって感じます。神在祭(かみありさい)のシーズンに行った出雲大社、すごく元気になりました。閉鎖的の真逆というか、とてもオープンで開けているエネルギーを感じる場所で、そこにいるだけでなんだかワクワクしました。東京だと、明治神宮とか。お散歩感覚でも気軽に行けるし、緑も多くて歩いているだけで自然と元気になります。

お仕事の時の必須アイテムは？

赤い靴。

Q

休日は何をしていますか？

ピアノを弾いている以外は、ずっと動画を編集していますね。笑
動画を取り込んで、カットして、テロップを入れて……。一度手を付けた
ら、止まらないです。完成したら、一度カメラロールに入れて、カメラロー
ルから開けてみるとまた気になるところが出てくることが多くて、そこか
らもう一度編集。みたいなことを繰り返しています。「ここの効果音大き
いな」とか「テロップのタイミングがあとちょっとだけ早い方が良いな」
とか、かなり細かくて小さなことばかりなのですが、心地良く観て頂きた
いので細部にこだわっています。主にスマホで編集しています。

Q

趣味は？

映画かな。

お家で Netflix などでも観るんですが、映画館にも結構さくっと一人で観に行きます。

映画『タイタニック』は、年に1回程度は観たくなってしまうんですよね。そして、数日しんどい気持ちを引きずる。笑

音楽が印象的な映画もやっぱり好きです。『天使にラブ・ソングを…』は、ハートフルな気持ちになれるし、『バーレスク』は本当に大好きです!! クリスティーナ・アギレラの圧巻の歌唱力、劇中の音楽の素晴らしさはもちろんですが、主人公に人生を切り開く力があるので、「私も頑張ろう！」って元気をもらえる気がします。『SEX AND THE CITY』は観終わった後、必ず「女って最高かよ…！」ってなって気が強くなれるし。笑

それから、最近だと『ミセス・ハリス、パリへ行く』も素敵だったな。大好きなディオールのお洋服も出てきてときめくし、主人公がアンラッキーな状況からラッキーを次々と引き寄せて巻き起こしていくんですけど「やっぱこういうマインドでいればハッピーを引き寄せるよね、私もこういうマインドでいよう！」って再確認できるんです。

好きな食べ物は？

和菓子以外はなんでも！
せっかく京都生まれ京都育ちなのに、和菓子が苦手って…。

Q

本を作るにあたって、
取り組んだことはありますか？

自分が大切にしていること、大切にしてきたことを、思い付いた時にすかさずメモするようになりました。それがパズルのピースのようになって集まって、この本ができました。

あと、色々な方の本を読みました。

元々読書は好きな方なので苦ではなかったです。私が読みながら感じたことは読者の方々も少なからず感じることだと思うので、自分が本を読んでどんなことを感じるのかをいつもより意識して考えながら、幅広く本を読んでみました。

そんな中で、こうしたら読みやすいんじゃないか？　縦書きの文字が多い文章は本を読まない人たちにはハードルが高いかもしれないな、とか色々考えて作ったつもりなので、楽しんでもらえれば嬉しいです。

Q

どんなおばあちゃんになりたいですか？

食べたいものを食べて、好きなことをしていたい。
女性であることと美容を楽しんで、好きな人と笑っていたい。

PART
6

30

自由の国の破壊力

「私、ニューヨークに旅行に行こうかと思ってるねん」
　ランチ中、親友の言葉に、私の口から勝手に文字が滑り出してきた。
「それ、私も行くわ」

　私は、考える前から発言していることが多々あります。それは私が思い計らぬところで思い計らぬパワーがうごめいている時によく起こる気がする。笑

　その時も、自分が「行く」と言ってから、「あ、これは行けということか」と納得して受け入れていました。海外なんてそれまで行ったことも、行こうと思ったことすらもありませんでしたが、その時の私は、どうしてか、ニューヨークに行くことを突然すんなり決めてしまったのです。

　出発日は忘れもしない 2013 年の 9 月。なんと大嵐の日でした。台風 18 号が直撃したのです。よりにもよってなんでこんな日に！
　ニュースでは、京都・嵐山にある渡月橋の様子が生中継で映し出され、桂川は氾濫しかかっていました。それでも飛行機は欠航にならない様子だったため、とりあえず私たちは荒れ狂う天候の中、空港へと向かったのです。
　しかも空港まで車を走らせ送ってくれた友人は元レーシングドライバーだったため、強風の中でもお構いなく車をぶっ飛ばしまくる。

　空港までの予期せぬ刺激的なドライブは、これまで乗ってきたどんな絶叫系アトラクションよりも怖かったです！　高速道路で私たちの隣を走っていた軽トラックは、強風で煽られレールに擦られ、華々しく火花を散らしている。そんな景色を横目に、私たちの車は空港に一直線。私の初めての海外旅行は、そんなスリリングな幕開けでした。

154

なんとか乗り込んだ飛行機は強風に煽られながらも無事離陸。機内では強風の中頑張ってくれた機長に向けて拍手が巻き起こっていました。約17時間の空の旅を経て、ついにニューヨークに到着。

　え…。
　匂いが違う。気候が違う。言葉が違う。規模が違う。
　初めての海外は、全てが刺激的でした。血が騒ぐ……！

　私たちはできるだけ旅費を抑えるため、ホテルなどではなく、日本人が経営しているゲストハウスのようなところに滞在していました。宿泊者もほぼ日本人しかいなかったため、みんなと友達になるのに時間はかかりませんでした。（その時出会ったうちの一人とは、今や親友です ♡）ワイワイと話しながら、みんなの話を聞いて私が驚いたのは、みんな学生だったり当時の私より年下の子だったりするのに、**ほぼ全員が一人旅だった**こと。「若いのにすごいなあ、たくましいなあ」と感心してしまいました。みんな当たり前のようにいとも簡単に世界を渡り歩き、旅をしている。なんてワクワクすることだろう！

　それから1週間ほど、ありとあらゆるスポットを回りました。有名な観光スポットはだいたい回ったと思います。時差ボケの影響を考えずに早々に予定に入れてしまっていたブロードウェイミュージカルは案の定寝たけれど笑、1日では回りきれないほどのアートが詰まったメトロポリタン美術館、ロックフェラーセンターのトップオブザロックではビルの70階から宝石箱をひっくり返したようなマンハッタンの夜景を見渡しました。セントラルパークでのお散歩、船に乗って見た自由の女神──。自転車をレンタルしてブルックリンにも行きました。一つひとつの場所で、私の心の中にずっと残しておきたい景色に出会えました。

ただショッピングをしている時でさえも、日本との違いに心を動かされました。店員さんもみんなフレンドリーで、日本のように敬語で話すこともない。良い意味で対等だと覚えました。変な気遣いもないところが、失礼どころか、めちゃくちゃ楽だなと感じました。

　数日経った頃には、私はすっかり、ニューヨークの自由な雰囲気と意気投合していました。日本では着たこともないようなラフな格好で街を歩いていても、何も違和感を感じなくなってきていたのです。私は、まだ1週間ほどしか滞在していないのに、この国が自分に合うかもしれないと感じはじめていました。

　そんな旅の途中のある日、アポロシアターでのアマチュアナイトを見に行く機会がありました。アマチュアナイトでは、アマチュアの出演者が次々に出てきて、ステージで特技を披露します。観客は、そのパフォーマンスを見て、感動を拍手や歓声で表現する仕組みです。

　次から次へと、笑顔でステージに立っては去っていく人たち。そこで私は、観客の拍手や歓声の熱量が、パフォーマンスする人によってあからさまに違ったことに驚きました。一切忖度（そんたく）なし。拍手喝采（はくしゅかっさい）のパフォーマンスの後に容赦（ようしゃ）なく静寂がやってくる。きっと日本で同じことをしても見られない光景だと思います。日本ならきっと、パフォーマンスのクオリティに差があれど、全出演者に対して大体同じくらいの大きさの拍手が送られるでしょう。

「潔いな」と、私は思いました。

　私は、何事にも白黒はっきりつけたい性格なので、「良いものは良い、イマイチだったらイマイチ！」と正直に表現していたニューヨーカーたちの態度が心底気持ちのいいものに感じたのです。

ああ、私はずっと、どこかでそうやって生きたかったのかもしれない。

　私が生まれた場所は京都。
　日本の中でも特に本音を濁す文化が美しいとされている場所で生まれ育ったからか気づかなかったけれど、本当に私が求めているのは、こういう環境なのかもしれない。

　そして同時に、これまで良しとされてきた価値観とは真逆の価値観を「気持ち良い」と思ったことで、**「今いる場所だけが世界の全てではないんだ」**と視界が大きく開けた感覚もありました。

　旅行中に出会った、ニューヨークへ移住して輝いている日本人の方々にもたくさんの刺激をもらいました。5番街のブティックでショップ店員をしていた女性や、グランドキャニオンに向かう途中のセスナ機で操縦をしていたパイロット。みんな人生を謳歌していてまばゆく輝いていました。

　完全に自由なマインドに切り替わり、心が解き放たれてきた頃、ある日本人のツアーコンダクターがひとつ素敵な話をしてくれました。
「日本人は、すぐに年齢や周りの目を気にしてやりたいことを諦めようとするけれど、本当は年齢なんて全く関係ない。アメリカでは、70歳のおばあちゃんがこれからキャビンアテンダントを目指すと言ったら、みんな全力で応援するんだぜ。そしてそのおばあちゃんは本当に夢を叶えたよ !!」

　なんとパワーがみなぎる話なのでしょう。そうだ。年齢なんて関係ない。
　ここでずっと生きなければいけないと環境を定める必要もないし、
　正解も間違いも初めから存在しないのだ。
　どんな状況やどんな場所からでも、夢に向かって真っ直ぐ歩み始める人に、私も全力のエールを送れる人でありたいな。

インプットしきれないくらいの刺激と、たくさんの希望を抱えたまま帰りの飛行機に乗り込んで、私は帰国しました。心の中から湧き上がって「今すぐ産んでくれ！」と叫びだすメロディーを、飛行機のトイレに駆け込んでボイスメモに録音したのは良い思い出です。

今でも、ニューヨークでの思い出を、衝撃的だった新しい感覚とともに思い出します。

今いる場所が全てじゃない。正解も間違いもそんなものは初めからない。

自由の国の破壊力が、それまでのあらゆる価値観をガラリと書き換えてくれたのでした。

Selfishly, Selfishly.

How to make yourself
the most reliable friend in this world

31

今、今、今！

皆さんからのコメントに触れていて感じるのが、皆さんがものすご
く、**過去や未来の不安に囚われている**ということ。

もうすでに起こってしまって、変えられないことについて。
あるいは、まだ起こっていないことについて。
ものすごく考えている。考えすぎてしまっている。
母校の大学にゲストスピーカーとして行かせて頂く際も、こういっ
た悩みを多くの生徒さんが打ち明けてくださります。

だけど、過去を気にしても戻れないし、ひと足お先に未来に行ける
わけでもない。手に入れたい未来を手に入れる方法は、今この瞬間か
ら最善を尽くしていくことしかないはずです。

まだ存在しない未来の自分ばかりを見ない。
もう存在しない過去の自分ばかりを見ない。

何より見つめるべきは、今この瞬間の自分。
変わろうと決めたら、今から変われます。

過去でも未来でもなく、今を大事に、一瞬一瞬を重ねていきましょ
う。

32

強く願うな、叶わない

強く願えば願うほど、その夢は叶わない。
叶った試しがないんです。

"願えば叶う"って思いがちだし、そっちの方が夢はあるのだけど。
必死で願っている時点で、どこかで「とはいえ、叶わないかも」と思ってしまっていませんか？

逆に言うと、「絶対実現するでしょ」「大丈夫、当たり前にそうなるから」って心から思えていることを、わざわざ必死で強く願ったりしないですよね。なんなら放ったらかしじゃない？笑

例えば、誰しもが朝になったら太陽が昇ること前提で生きているから、「どうか無事に太陽が昇って朝が訪れますように!!」って必死で願わないですよね。

私の過去の経験を振り返っても、「実現するのは当然だ」くらいに思って、忘れてしまっているくらいのことの方が、いつの間にか叶ってしまっていたり、さらに想像を超える嬉しい出来事に発展したりしています。

だから、強く願うことはやめました。

（それに強く願うと、なんだかどんどん重い女になってしまうんですよね。笑）

強いて言えば、「願う」というより、そうなって当然と「信じている」。

こちらの言葉の方がしっくりきます。

あと、私がよく実行していて効果を感じるのが、なりたい自分像があるならば、**すでになったつもりで毎日を過ごしてみること。**

「そうなっている自分なら、どんな選択をするかな？」という基準であらゆる物事を選びます。着る服から、行く場所から、移動手段から、何から何まで。

最初は"フリ"をして頂けだったけど、続けていたらいつの間にか本当にそうなっている…！という展開を生み出しやすいので、とっても効果的です。

33

それを選ぶ理由は愛から？それとも恐れから？

　何事も自分で決めたいタイプの私ですが、複数の選択肢を前に、決断に迷う時だってもちろんあります。

　そんな時考えるのは、
「その選択は、愛に基づいている？
　それとも恐れに基づいている？」
　ということです。

　愛なら進む。恐れならやめる。

　ついつい、何かを恐れて、逃げるように選択をしてしまうことってありますよね。

「失敗したらどうしよう。怖いからやめよう」
「こっちを選んだら、バカにされるんじゃないか。仕方なくあっちにしよう」

　恐れからその選択をしていると気がついたなら、その道は選びません。本当に自分に必要なのは、どうしたって惹かれるような愛に基づく選択がくれる未来のはず。

　あなたは愛に向かって進む？　それとも…
　迷った時には考えてみて。

理解してもらえるかわからないのですが、寝ている間にアップデートが完了したかのように、朝起きると急にフェーズ（世界線？）が変わっていることがあるんです。いつも見ている風景が何もかも違った見え方をするような、「あれ？プチ生まれ変わり？笑」みたいな、そんな感覚。

実家時代から一人暮らしになってもなお使っていた白いムートンラグ。これまで違和感なく使えていたはずなのに、ある日突然、「もうこれ使っている自分、なんか違うかも」と思えてしまったことがありました。

そして、その気持ちに身を委ね、ラグを処分した途端、驚くほど心身共に軽やかになったことを覚えています。10年来染み付いてきた古い自分のこれまでの過去たちが、（特に苦しみや悲しみが）すっと浄化されたような、そんな感覚でした。

特に布ものには古いエネルギーが蓄積されやすいイメージがあって、洋服はもちろん、肌に直接触れるような下着やタオルなどを総入れ替えすることもあります。

急に思い立って部屋の模様替えをしたくなる時。
毎日使っているメイク道具を一新したい衝動に駆られる日。
いつか着るかもしれないと取っておいた洋服を、
もう二度と着ることはないだろうと思えた瞬間。

ふと突然訪れるそういった感覚は、今の自分にそのアップデートが必要だということを教えてくれているんだと思っています。
つまり、**今この瞬間の自分自身にそぐわなくなり、もう合わなくなった**ということだと思うのです。（仲の良い友達はよく知っていますが、

34

日々のアップデートは心置きなく

私はきっと人より断捨離をしています。笑)

　私たちは日々生まれ変わっています。
　様々な人との出会い、巻き起こる出来事、心境の変化。
　色々な要素が交わり合って、移ろい、変わりゆく。

　できるだけその時々に心地良い感覚、見合った環境の中で過ごすように心がけるようになってから、日々が快適で過ごしやすくなりました。

　この感覚に関しても、元々そうだったわけではありません。以前は、変わっていくことへの恐れや戸惑いもありました。物質的な変化だけではなく、変わりゆく対象が人であった場合は特にそう。今まですごく仲良くしていたのに、自分が「この人とは合わなくなったな」と感じてしまったが故に関係を遠ざけることへの申し訳なさを強く感じ、「こんな風に思ってしまってごめんなさい」と、罪悪感で胸をいっぱいにしていました。

　だけどよく考えると、**自分が変化するにつれて、
　合う相手だって変わっていくのはごくごく普通で自然なこと。**

　川の流れに沿って流れている葉っぱが、同じ方向を向いて、同じ速度で、ぴったりと隣り合わせに流れている時もあれば、ある瞬間が来ると違う方向へと自然に進んでいくように。離れた一枚の葉っぱは、また別の違う川へ行くのかもしれないし、枝に寄りかかってひと休みするのかもしれない。

　川の流れの中でそれぞれの時をゆく葉っぱのように、人それぞれに人生を流れてゆくペースやタイミングがあって、どうしようもできず離れてしまう関係もあること、離れたとしても、また会うべき必要やご縁がある人とは何もしなくても再びどこかで会えること、今は理解できます。

正直、大人になって付き合う人を自分で選択できるようになった今でも、苦手な人やなんだか好きになれないと思う人が目の前に現れたりすることだって時折あります。でも、そういう時には、「なぜこの人が今私の前に現れたんだろう」と考えるようになりました。多くの場合、そういった存在からは何かしらの気付きや学びを受け取ることがあるものです。

　もし傷付いてしまうことがあったとしても、
　傷は学びと知恵にしてしまえば良い。
　転んでもタダでは起き上がらないぞ精神です。笑

　一生涯共に過ごす人もいれば、一度交わったあと別の場所に行く人もいる。
　そこに執着も未練も持たない。

　そして、物でも人でも、さよならの瞬間は、必ずありがとうを込めて。
　その空いたスペースに、また新たにふさわしいものがすんなり入ってくれるように。

　　──ふと、なんとなく TV をつけてみたら、
　真っ黒な画面に文字が表示されました。
「アップデートを開始しました。
　完了するまで１〜２分ほどかかる場合があります」
　機械だって人間だって、アップデートが必要です。

35

大丈夫。私には、私がついてる。

自分の気持ちに正直でありたい。
自分にだけは嘘をつかない。
これは、私がいつも心がけていることです。

振り返ってみれば、
自分の心に正直になって行った決断を
正解にしてきた経験が確かにあるから、
自分を信頼できている今があります。

「どうして、自分をそんなに信じてあげられるの？」
と思う人もいるかもしれませんが、

まず自分が自分を信じてあげないと、
一体誰があなたを信じてあげられるのでしょうか。
自分が自分の一番の味方でありたいのです。

大丈夫、私には私がついている。
大丈夫、あなたにはあなたがついている。
大丈夫。

36

ワガママに、我がままに。

これからも、まだ見ぬ新しい景色、
人生を変えるような人たちとの出会い、
知らなかった自分が未来で待っていると思うと、
人生の旅路がとても楽しみです。

自分のことを自分が一番信じてあげることができれば、
心の声もクリアに聞こえてくる。
そしてそれはきっと、とてもシンプルなこと。

その声に従って自分がワクワクすることを選べる自由が、
私たちにはある。
心が惹かれるままに進んでいくことができる力が、
誰にだってある。

これまで取りこぼしてきたかもしれない
「我がまま」であるための、必要な「ワガママ」を、
今こそ、自らの手で掬ってあげましょう。

Epilogue.

最後までお読み頂き、ありがとうございます。

「本を出しませんか」とお声がけ頂いた時、
よく書店で目にする、あの1冊分の分厚さの内容量が
果たして自分の体の中から出てくるのだろうか…
と頭をよぎったことを覚えています。

ですが、私自身もこれまで数々の本（特にエッセイ）に
背中を押してもらってきた過去があることを思い出しました。

これまでの経験や感動が、
少しでも誰かの支えや励みとなったら嬉しい
という思いで少しずつ書き進め、
こうしてカタチに残すことができました。

自分の歩んできた道のりを見つめ返し、
それを文章に綴るということは、
私にとっても自分と向き合い内観することができた、
とても有意義な時間となりました。

こうして振り返ってみると、
喜怒哀楽様々なこれまでの全部の出来事が今や愛おしくて
なんだかチョコレートボックスのような
愛くるしい時間の数々でした。

これからも新しい種類のチョコレートが
箱の中にひとつずつ増えていくでしょう。
素晴らしい機会を与えてくださり、心から感謝しています。

ピアノを通して音をお届けする中で
私の中でテーマとなっていることがあります。

それは、「浄化」と「癒し」です。

今回紡ぎ出した数々の言葉たちも、
音と共にそんな存在になれますように。

では、最後にもう一度。
行こうぞ、我がままに。

愛と感謝を込めて。

松尾優

松尾 優（まつお ゆう）

絶対音感の陶酔型ポップスピアニスト。SNS総フォロワー数 60万人、YouTube総再生回数は1億回を超える。まるで歌うように弾く、どこまでも自由で生きたピアノは唯一無二の表現力となり、聴く人の心を癒し、浄化する。

ワガママに、我がままに。
自分自身をこの世で最強の味方にする方法

2025年3月10日　初版発行

著者／松尾 優

発行者／山下 直久

発行／株式会社KADOKAWA
〒102-8177　東京都千代田区富士見2-13-3
電話　0570-002-301(ナビダイヤル)

印刷所／TOPPANクロレ株式会社

製本所／TOPPANクロレ株式会社

本書の無断複製（コピー、スキャン、デジタル化等）並びに
無断複製物の譲渡および配信は、著作権法上での例外を除き禁じられています。
また、本書を代行業者などの第三者に依頼して複製する行為は、
たとえ個人や家庭内での利用であっても一切認められておりません。

●お問い合わせ
https://www.kadokawa.co.jp/ (「お問い合わせ」へお進みください)
※内容によっては、お答えできない場合があります。
※サポートは日本国内のみとさせていただきます。
※Japanese text only

定価はカバーに表示してあります。

©Yuu Matsuo 2025　Printed in Japan
ISBN 978-4-04-607198-9　C0095